主编　万安培

国学经典故事

·周朝　秦国卷·

周朝　秦国卷
齐国卷
鲁国卷
晋国　韩国卷
赵国　魏国卷
楚国卷
郑国　卫国　宋国卷
吴国　越国　燕国卷

长江出版传媒
湖北人民出版社

图书在版编目(CIP)数据

国学经典故事 周朝 秦国卷/万安培主编.
武汉:湖北人民出版社,2018.1
ISBN 978-7-216-09428-3
Ⅰ.国… Ⅱ.万… Ⅲ.国学—通俗读物 Ⅳ.Z126-49
中国版本图书馆 CIP 数据核字(2018)第 028083 号

责任编辑:沈 红
封面设计:刘舒扬
责任校对:范承勇
责任印制:王铁兵

出版发行:湖北人民出版社	地址:武汉市雄楚大道 268 号
印刷:湖北新华印务有限公司	邮编:430070
开本:710 毫米×1000 毫米 1/16	印张:12.5
字数:233 千字	插页:3
版次:2018 年 3 月第 1 版	印次:2019 年 1 月第 2 次印刷
书号:ISBN 978-7-216-09428-3	定价:31.00 元

本社网址:http://www.hbpp.com.cn
本社旗舰店:http://hbrmcbs.tmall.com
读者服务部电话:027-87679656
投诉举报电话:027-87679757
(图书如出现印装质量问题,由本社负责调换)

《国学经典故事》
编辑委员会

中华优秀传统文化传承需要国学传播方式的现代表达

（序言）

今天我们所说的“国学经典”，包括经、史、子、集等，范围是非常广泛的。广义的“国学经典”，包括一些著名的蒙学读物、诗词曲赋、志怪小说、世情小说、历史演义等。这些著作，不少是经过时间淘漉和历史沉淀的文化精品，是传统文化的精华。由优秀传统文化结晶形成的文化宝库，不仅是中华民族屹立于世界民族之林的独特标识，也是今天实现伟大复兴强国梦取之不尽、用之不竭的智慧之源。

中华优秀传统文化或者说国学经典的传承，不应该只是文史领域少数专家学者的孤芳自赏，至少应包括两个主要的内容。一是各级领导干部要带头学国学，以学益智、以学修身、学以致用、身体力行；二是要培养全民族特别是青少年研习国学经典的兴趣，借助于诵读经典，提高全民族的国学素养，激发青少年热爱中华文化的拳拳之心和殷殷之情。

近年来，由于党和国家的高度重视，一股学国学、讲国学，注重吸取优秀传统文化滋养的良好风尚正在形成。不过，就整体而言，国学经典的普及与推广还面临不少障碍：一是一些人墨守过去大批判的思路，对中国传统文化采取一概排斥、一棍子打死的态度；二是大众古文和传统文化基础知识薄弱；三是网络时代快餐文化盛行，大量挤占公众阅读的空间与时间。

对待历史虚无主义，最好的办法是让人们通过阅读国学经典，从中汲取和提炼修身处世、治国理政的智慧，养浩然之气，塑高尚人格，不断提高人文素养和精神境界。面对国学基础薄弱和快餐文化盛行的挑战，则必须考虑在经典传播表达方式上大胆突破创新。

研读国学经典是一种高含金量的文化阅读，除需要一定的古文功底，还需涉猎大量的历史典故知识。要营造全民学国学、讲国学的文化氛围，就必须在国学经典的大众化、通俗化和趣味性方面做文章。这方面，先秦诸子百家早已为我们树立了榜样。他们在表达自己的政治观点和学术主张时，从来不是长篇大论和空洞说教，而是巧借通俗生动的寓言故事，来阐发修身齐家治国平天下的大智慧。面对互联网时代阅读形态、阅读人群和阅读终端的新变化，国学经典的传播不能沿袭传统的表达和传播方式，必须在创新上狠下功夫。习近平总书记提出要“推动中华优秀传统文化创造性转化、创新性发展”。我以为，传统文化创造性转化和创新性发展的一个重要方面，就是国学传播方式的现代表达。中央电视台《中国诗词大会》节目大获成功就是一个重要例证。

以往的国学经典传播，大多是“原文 + 注解 + 翻译 + 点评”的模式。一些研究性著述引经据典，章节繁复，不厌其详，未能考虑互联网时代“90 后”“00 后”读者的感受。与传统的国学经典表达和传播方式相比，万安培先生主编的这套《国学经典故事》，至少具有以下三个特点：

第一是短小精悍，通俗易懂。从国学经典中选取情节精彩的篇章，以短小精悍的故事形式呈现，既保留了国学精华，又便于阅读记忆，还可进一步培养读者阅读经典原著的兴趣。

第二是系统全面。这套丛书上起先秦，下迄清末，涵括了中国上下数千年主要国学经典著作，计划收录故事两万个以上，并配以《国学经典章句》与故事丛书配套出版。从目前已完成的春秋战国卷约 2800 个故事来看，这应该是一个较大的系统工程。《国学经典故事》和配套的《国学经典章句》的出版问世，将是国学经典普及的大事和幸事。

第三是生动活泼，寓教于乐。《国学经典故事》致力于发掘国学经典中脍炙人口、发人深省的内容，以讲故事的形式传播国学，实施伦理道德教化，受众面更宽，能充分发挥优秀传统文化滋养社会主义核心价值观的功能。以往一说起国学经典，人们很自然联想到枯燥的“之乎者也”，现在改为轻松快乐讲故事，各个年龄层次和文化结构的人应该都会喜闻乐见。

2017 年 1 月 25 日，中共中央办公厅和国务院办公厅联合印发了《关于实施中华优秀传统文化传承发展工程的意见》，其中特别提到要深入阐发中华优秀文化精髓，创新表达方式，编纂出版系列文化经典，综合运用大众传播、群体传播、人际传播等方式，构建全方位、多层次、宽领域的中华文化传播格局，推动中外文化交流，助推中华优秀传统文化的国际传播。万安培先生策划推出的《国学经典故事》系列，与该意见精神高度吻合。目前他们正策划将国学经典故事精华译成外文出版，争取将其作为中外文化交流的礼品书，期待国学经典像《格林童话》《安徒生童话》《伊索寓言》一样传遍世界，造福全人类。相信广大读者对这类助推中华优秀传统文化国际传播的尝试和努力，一定会给予充分肯定和大力支持。

万安培先生是经济学专业博士，长期在金融部门工作，但他醉心文史，尝试国学经典传播方式的现代表达。2016年4月他推出“楚楚动人网”微信公众号，每天发表以国学经典故事为背景的短论，很受读者欢迎。作为企业界人士，能在繁忙的工作之余坚持国学研究，专注于经典传播，其精神令人感动，而他这种创新的国学经典传播方式也值得称许，这也是我很乐意为丛书作序的原因所在。衷心希望这套丛书能得到社会各界人士的喜爱，达到编纂者所希望的效果。

是为序。

郭齐勇

2018年2月23日

目录

contents

周朝卷

秦国卷

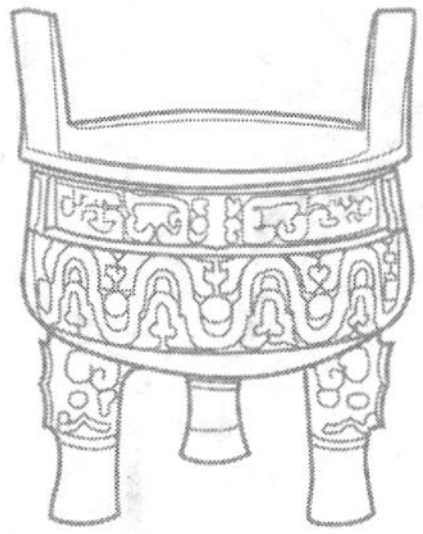

周朝卷

周朝自周武王姬发公元前 1046 年灭商纣立国，到公元前 249 年为秦所灭，共传 30 代、37 王，计约 800 年。从武王至幽王，史称西周；自公元前 770 年平王东迁，史称东周。东周时期又分为“春秋”（公元前 770 年至公元前 476 年）与“战国”（公元前 475 年至公元前 221 年）两个时期。公元前 367 年，周王室内乱，京畿之内分出东周、西周，“二周”以伊洛河交汇处为界，西部属西周都王城，东部属东周都巩。“二周”分别于公元前 256 年、前 249 年为秦军所灭。[1]

---

① 本书所有前言部分有关周朝纪年，均以 2000 年公布的《夏商周断代工程 1996—2000 年阶段成果报告（简本）》为依据。

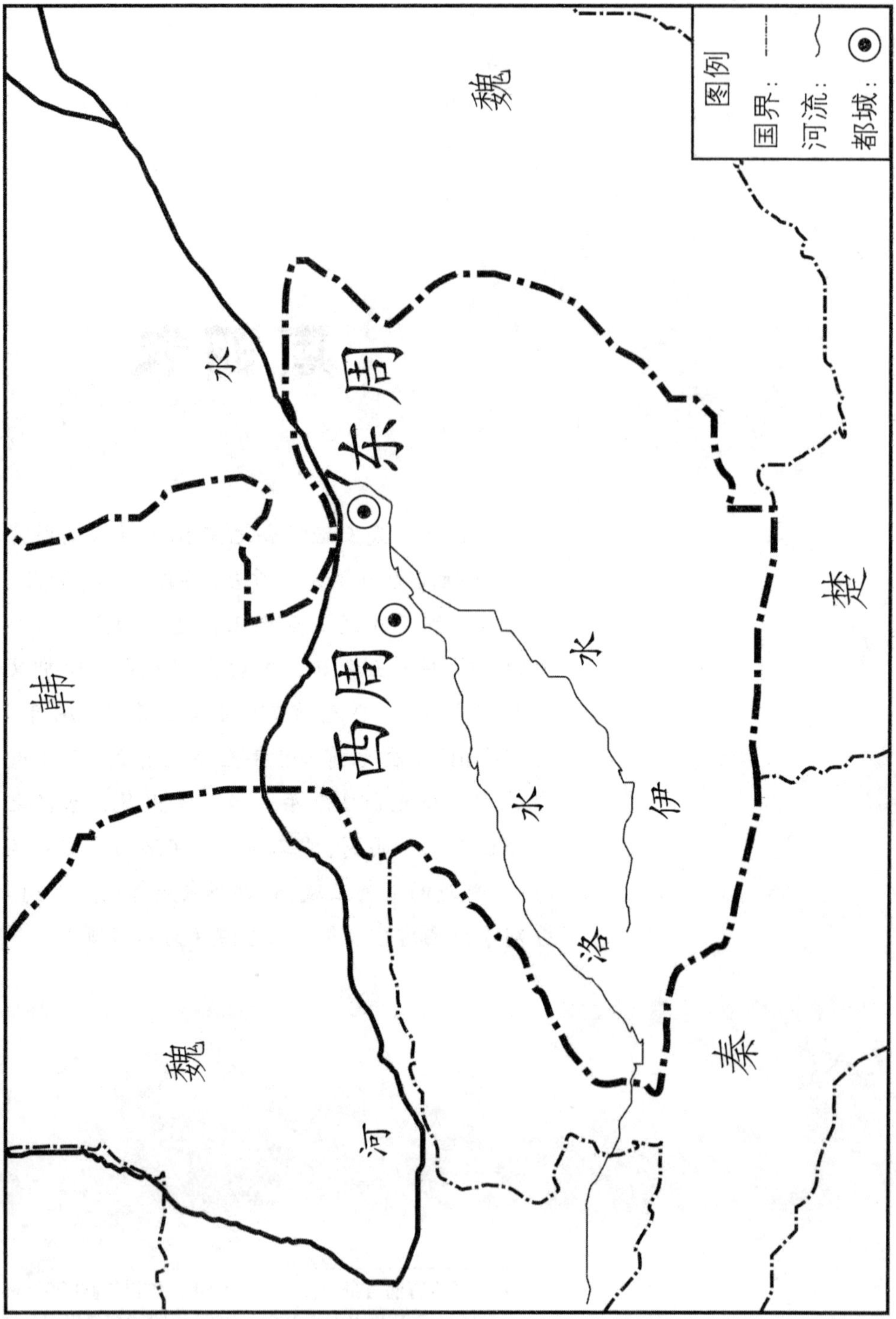
图例
国界：
河流：
都城：
魏
东周
西周
韩
魏
楚
秦
河
水
伊
水
洛
水

播时百谷

弃还是个孩子的时候，就高大勇武，有巨人的志向。他最喜欢的游戏是栽麻种豆，种下去的作物都长得茁壮茂盛。长大成人后他爱上了种庄稼，能根据土地的栽培特性，选择适宜的谷物种植培养，百姓都仿效他的方法。帝尧听说了，便推举他为农艺师，天下百姓因此受益，弃有功劳。帝舜感叹说：“弃啊，过去老百姓忍饥挨饿，是你教会了他们播种百谷。”于是封弃于邰，号称“后稷”，另以姬为姓。后稷兴起于陶唐、虞和夏，历代都传颂他的美德。

【出处】

弃为儿时，屹如巨人之志。其游戏，好种树麻、菽，麻、菽美。及为成人，遂好耕农，相地之宜，宜谷者稼穑焉，民皆法则之。帝尧闻之，举弃为农师，天下得其利，有功。帝舜曰：“弃，黎民始饥，尔后稷播时百谷。”封弃于邰，号曰“后稷”，别姓姬氏。后稷之兴在陶唐、虞、夏之际，皆有令德。（《史记·周本纪》）

未暇天下

尧把天下让给子州支父，子州支父回答说；“让我做天子是可以的。虽然如此，但我现在患有忧郁病，正要治疗，没有余暇顾及天下。”天子的宝座固然珍贵，圣人却不因为要得到它而危害自己的生命，更何况其他的东西呢？只有不因天下而危害生命的人，才可以把天下托付给他。

【出处】

尧以天下让于子州支父，子州支父对曰：“以我为天子犹可也。虽然，我适有幽忧之病，方将治之，未暇在天下也。”天下，重物也，而不以害其生，又况于他物乎？惟不以天下害其生者也，可以托天下。（《吕氏春秋·仲春纪·贵生》）

知舜之贤

尧想把天下传给舜。鲧劝谏说：“这不吉利啊！谁会把天下传给平民呢？”尧不听，起兵在羽山郊外杀死了鲧。共工又劝谏说：“谁会把天下传给平民呢？”尧不听，又起兵在幽州都城杀死了共工。于是天下再没人提出异议。孔子听到后说：“尧知道舜的贤明并不困难，杀死劝阻的人再传位给舜，却是困难的事情。”或者说：“不因进谏者提出疑问而动摇自己的明察，则是困难的事情。”

【出处】

尧欲传天下于舜。鲧谏曰：“不祥哉！孰以天下而传之于匹夫乎？”尧不听，举兵而诛杀鲧于羽山之郊。共工又谏曰：“孰以天下而传之于匹夫乎？”尧不听，又举兵而流共工于幽州之都。于是天下莫敢言无传天下于舜。仲尼闻之曰：“尧之知舜之贤，非其难者也。夫至乎诛谏者，必传之舜，乃其难也。”一曰：“不以其所疑败其所察，则难也。”（《韩非子·外储说右上第三十四》）

先德后武

三苗不肯归服，禹请求以武力攻打，舜说：“不如以德政感化。”实行德政三年，三苗就归服了。孔子评价这件事说：“感知到道德的力量，即使孟门、太行山也算不得险峻；推行德政的感召力，比驿车传递命令的速度还快。”周朝的朝堂上，一向是把礼乐摆放在前，武器陈设在后，以表示先施行德教再使用武力。舜大概就是这样做的，他不轻易动用武力的理念也影响到周朝。

【出处】

三苗不服，禹请攻之，舜曰：“以德可也。”行德三年，而三苗服。孔子闻之，曰：“通乎德之情，则孟门、太行不为险矣。故曰德之速，疾乎以邮传命。”周明堂金在其后，有以见先德后武也。舜其犹此乎！其臧武通于周矣。（《吕氏春秋·离俗览·上德》）

圣人德化

历山一带的农民相互侵占田界，舜就到那里种田；一年后，各自的田界都恢复了正常。黄河边的渔民相互争夺水中的高地，舜就到那里打渔；一年后，大家都礼让年长的人。东夷的陶工制作的陶器质量粗劣，舜就到那里制陶；一年后，大家制出的陶器质量很好。孔子赞叹说：“种田、打渔和制陶，都不是舜的职责；舜去那些地方干活，是为了纠正败坏的风气。舜能亲力而为使民众都听从于他，圣人的道德真的能感化人啊！”

【出处】

历山之农者侵畔，舜往耕焉，期年，甽亩正。河滨之渔者争坻，舜往渔焉，期年而让长。东夷之陶者器苦窳，舜往陶焉，期年而器牢。仲尼叹曰：“耕、渔与陶，非舜官也，而舜往为之者，所以救败也。舜其信仁乎！乃躬藉处苦而民从之。故曰：圣人之德化乎！”（《韩非子·难一第三十六》）

先道后德

君主不行君道，国土就会遭人侵犯。在国内执政失德，坏名声就会传遍国外。百仞高的松树，下面的根部受伤，上面的枝叶就会干枯。商、周两代末世，国君心胸无谋，政令自然受困。五帝先行道而后施德，因而德行完美；三王把教化放在首位，把刑罚放在次位，因而功业稳固；五霸先礼后兵，军队因而强大。当今世上，各种诡计一齐实施，奸诈骗术接连使用，攻战不止，国家败亡，君主受辱的事越来越多，其原因就在于他们舍本逐末啊。夏后相启同有扈氏在甘泽交战，没有取胜。六卿请求再战，夏后相启说：“不能再战了。我的国土并不小，人民也不少，交战却不能取胜，这是由于我德行浅薄、教化不善的缘故啊！”于是夏后相启简居陋食，琴瑟不设，钟鼓不列，子女们穿着打扮简朴，又亲近亲族，敬爱长者，尊重贤人，任用能士。一年之后，有扈氏就归服了。因此，想要战胜别人，先要战胜自己；想要评论别人，先要估量自己；想要了解别人，先要认识自己。

【出处】

故上失其道，则边侵于敌；内失其行，名声堕于外。是故百仞之松，本伤于下而末槁于上；商、周之国，谋失于胸，令困于彼。故心得而听得，听得而事得，事得而功名得。五帝先道而后德，故德莫盛焉；三王先教而后杀，故事莫功焉；五伯先事而后兵，故兵莫强焉。当今之世，巧谋并行，诈术递用，攻战不休，亡国辱主愈众，所事者末也。夏后相启与有扈战于甘泽而不胜。六卿请复之，夏后相启曰：“不可。吾地不浅，吾民不寡，战而不胜，是吾德薄而教不善也。”于是乎处不重席，食不贰味，琴瑟不张，钟鼓不修，子女不饬，亲亲长长，尊贤使

能。期年而有扈氏服。故欲胜人者，必先自胜；欲论人者，必先自论；欲知人者，必先自知。(《吕氏春秋·季春纪·先己》)

破斧之歌

夏后氏孔甲在东阳萯山打猎，天突然刮起大风，天色昏暗，孔甲辨不清方向，走进一户百姓的家里。这户人家正在生孩子。有人说：“君主到来，这是好日子啊，这孩子将来一定会大吉大利。”有人说：“怕是担当不起这个福分吧，这孩子将来一定会遭殃。”孔甲把这个孩子带回宫中，说：“让他做我的儿子，谁还敢害他？”孩子长大成人了，一次帐幕掀动，屋椽裂开，斧子掉下来砍断了他的脚，后来只能做守门之官。孔甲叹息说：“唉！发生了这种灾难，是命里注定吧！”于是创作出《破斧》之歌，这是最早的东方音乐。

【出处】

夏后氏孔甲田于东阳萯山。天大风，晦盲，孔甲迷惑，入于民室。主人方乳，或曰：“后来，是良日也，之子是必大吉。”或曰：“不胜也，之子是必有殃。”后乃取其子以归，曰：“以为余子，谁敢殃之？”子长成人，幕动坼橑，斧斫斩其足，遂为守门者。孔甲曰：“呜呼！有疾，命矣夫！”乃作为“破斧”之歌，实始为东音。(《吕氏春秋·季夏纪·音初》)

谷生于庭

成汤在位的时候，庭院里生出一棵奇异的谷子，黄昏时萌芽，第二天天亮时已经长到两手合围那么粗了。汤的臣下请求占卜异谷出现的原因。汤辞退占卜的臣子说：“我听说，吉祥的事物是福的先兆，但是遇到吉兆却不做善事，福仍然不会降临；怪异的事物是灾祸的先兆，遇到怪异多做善事，灾祸也会消除。”于是他起早贪晚，勤于政事，探问病人，吊唁死者，四出安抚百姓。三天之后，庭中的异谷消失了。所以说：祸是福所倚存的东西，福是祸所隐藏的处所。这个道理只有圣人明白，一般人哪里会知道事物转化的道理呢？

【出处】

故成汤之时，有谷生于庭，昏而生，比旦而大拱。其吏请卜其故。汤退卜者曰："吾闻祥者福之先者也，见祥而为不善，则福不至。妖者祸之先者也，见妖而为善，则祸不至。"于是早朝晏退，问疾吊丧，务镇抚百姓。三日而谷亡。故祸兮福之所倚，福兮祸之所伏。圣人所独见，众人焉知其极？（《吕氏春秋·季夏纪·制乐》）

务光投河

商汤灭了夏桀，但怕天下人说自己贪心，于是把王位让给务光。又怕务光真的接受，就派人劝告务光说："商汤想把杀死君主的坏名声转嫁给你，所以才把天下让给你。"务光因此投河自尽。

【出处】

汤以伐桀，而恐天下言己为贪也，因乃让天下于务光，而恐务光之受之也，乃使人说务光曰："汤杀君，而欲传恶声于子，故让天下于子。"务光因自投于河。（《韩非子·说林上第二十二》）

仁人之君

当初，太王以豳为都邑时，狄人经常前来侵犯，太王把毛皮和缯帛送给狄人，还是不能免于被侵犯；又用珠玉去讨好狄人，也不能幸免。于是，太王嘱咐族中的老人说："狄人想要的是我们的土地。我听说，君子不会因为贪图养人的土地而害人。你们何必担心没有君主呢"于是独自带着太姜离开了豳地。翻越梁山后，他们在岐山下建立了都邑。豳人说："到哪儿去找仁慈的君主"于是，跟随太王到岐山下的豳人像赶集的一样多。上天帮助周人，民众叛离殷朝，这种情况由来已久。像这样还不能称王于天下的，从来都没有过。

【出处】

初，大王都豳，翟人侵之，事之以皮币，不得免焉，事之以珠玉，不得免焉。于是属耆老而告之，所欲吾土地。吾闻之君子不以所养而害人，二三子何患乎无君？遂独与大姜去之，踰梁山，邑于岐山之下。豳人曰："仁人之君，不可失也。"

从之如归市焉。天之与周，民之去殷久矣。若此而不能天下，未之有也。(《孔子家语·卷二·好生》)

积善累德

崇侯虎在殷纣王面前讲西伯的坏话说："西伯行善积德，诸侯都亲附于他，这对天子不利啊。"于是纣王把西伯囚禁在羑里。闳夭等人很担心，于是以有莘氏的美女、骊戎的彩色骏马、有熊氏的九驷车驾，以及其他种种珍奇玩好，通过殷纣王的宠臣费仲献给纣王。纣王大喜说："随便一件礼物就足以释放西伯了，何况有这么多。"于是赦免了西伯，赐给他弓箭斧钺，使西伯有征伐其他小国的特权。又告诉他说："说你坏话的人是崇侯虎。"西伯向纣王献上洛水以西的土地，请求废去炮烙的刑罚，纣王答应了他。

【出处】

崇侯虎谮西伯于殷纣曰："西伯积善累德，诸侯皆向之，将不利于帝。"帝纣乃囚西伯于羑里。闳夭之徒患之。乃求有莘氏美女，骊戎之文马，有熊九驷，他奇怪物，因殷嬖臣费仲而献之纣。纣大说，曰："此一物足以释西伯，况其多乎！"乃赦西伯，赐之弓矢斧钺，使西伯得征伐。曰："谮西伯者，崇侯虎也。"西伯乃献洛西之地，以请纣去炮烙之刑。纣许之。(《史记·周本纪》)

小心翼翼

纣王暴虐无道，杀死梅伯做成肉酱，杀死鬼侯做成肉干，在宗庙里宴请诸侯。文王流泪叹息。纣王担心他背叛自己，想杀死文王灭掉周国。文王说："父亲虽然无道，儿子敢不侍奉父亲吗？君主虽然苛刻，臣子敢不侍奉君主吗？我怎么会背叛君主呢？"纣王于是赦免了他。天下人听说了这件事，认为文王畏惧君主而体恤下臣，所以《诗经》中说："就是这个周文王，言行小心翼翼，心地光明侍奉上帝，因而得来大福大吉。"

【出处】

昔者纣为无道，杀梅伯而醢之，杀鬼侯而脯之，以礼诸侯于庙。文王流涕而咨之。纣恐其畔，欲杀文王而灭周。文王曰："父虽无道，子敢不事父乎？君虽不惠，臣敢不事君乎？孰王而可畔也？”纣乃赦之。天下闻之，以文王为畏上而哀下也。《诗》曰：“惟此文王，小心翼翼。昭事上帝，聿怀多福。”①（《吕氏春秋·恃君览·行论》）

见小曰明

从前纣王制作象牙筷子，箕子就心生忧虑，认为使用象牙筷子一定不会再用陶土烧制的菜碗，而会配合使用犀牛角或宝玉制作的杯子；象牙筷子和玉杯一定不会用来吃豆类食品熬煮的菜汤，一定要吃牦牛、大象、豹子的胚胎；吃牦牛、大象、豹子的胚胎就再也不会穿粗布衣服，不会蹲在茅屋里吃东西，一定要穿华美锦缎衣服，住宽敞的房子，坐高高的土台。箕子害怕事情的后果严重，所以为这样的开端担忧。过了五年，纣王设肉林酒池，建炮烙之刑，最终因此丧身。箕子看见象牙筷子就预感到未来的灾祸，所以《老子》说：“能够看到事物细微的苗头，就叫作明智。”

【出处】

昔者纣为象箸而箕子怖，以为象箸必不加于土铏，必将犀、玉之杯；象箸玉杯必不羹菽藿，必旄、象、豹胎；旄、象、豹胎必不衣短褐而食于茅屋之下，则锦衣九重，广室高台。吾畏其卒，故怖其始。居五年，纣为肉圃，设炮烙，登糟丘，临酒池，纣遂以亡。故箕子见象箸以知天下之祸。故曰：“见小曰明。”（《韩非子·喻老第二十一》《韩非子·说林上第二十二》）

惧以失日

商纣王不分昼夜地饮酒作乐，因狂欢竟然忘记了日期。问他身边的人，都不知道。于是派人去问箕子。箕子对随从说：“作为天子，自己和身边的人连日期都忘了，国家已经很危险了。大家都不知道而我知道。我也很危险了。”于是推说喝醉了酒，也不知道今天是什么日子。

【出处】

纣为长夜之饮，惧以失日，问其左右，尽不知也。乃使人问箕子。箕子谓

① “惟此文王，小心翼翼。昭事上帝，聿怀多福。”出自《诗经·大雅·大明》。

其徒曰："为天下主而一国皆失日，天下其危矣。一国皆不知而我独知之，吾其危矣。"辞以醉而不知。(《韩非子·说林上第二十二》)

西伯昌贤

费仲劝谏商纣王说："西伯姬昌很贤能，老百姓都喜欢他，诸侯也依附他，此人不能不杀；如果不杀，将来一定会祸乱商朝。"纣王说："按你的说法，姬昌是讲仁义的君主，怎么能杀呢？"费仲说："帽子虽然破旧，一定是戴在头上；鞋子虽然光鲜，终归要踩到脚下。西伯姬昌身为臣子，修行仁义而人心归附，终将成为天下的祸患，他一定会昌盛！臣子不竭尽所能为君主效力，不可不杀；况且君主杀臣子，又有什么过错呢？"商纣王说："仁义是君主用来勉励臣下的。姬昌爱好仁义，不能杀他啊。"再三劝说纣王不听，商朝终于灭亡了。

【出处】

费仲说纣曰："西伯昌贤，百姓悦之，诸侯附焉，不可不诛；不诛，必为殷祸。"纣曰："子言，义主，何可诛？"费仲曰："冠虽穿弊，必戴于头；履虽五采，必践之于地。今西伯昌，人臣也，修义而人向之，卒为天下患，其必昌乎！人人不以其贤为其主，非可不诛也。且主而诛臣，焉有过？"纣曰："夫仁义者，上所以劝下也。今昌好仁义，诛之不可。"三说不用，故亡。(《韩非子·外储说左下第三十三》)

负石沉河

申徒狄对现实绝望，打算投河自尽。崔嘉得知消息，就去劝阻他说："我听说天下的圣贤仁人，就是芸芸众生的父母，假如因为顾忌两脚沾泥，就不去搭救落水的人，怎么行呢？"申徒狄说："不是这样的。从前夏桀杀死关龙逢，商纣杀死王子比干而葬送天下；吴国杀伍子胥，陈国杀泄冶而国家灭亡。当时并不是没有圣贤智者，只是因为不重用他们罢了。"终于还是抱着石头跳河自杀了。君子评论此事说："这只是洁身自好而已，至于仁德和智慧，还没从他身上看到。"《诗经》说："天命如此，有什么办法？"说的就是这类事吧。

【出处】

申徒狄非其世，将自投于河，崔嘉闻而止之曰："吾闻圣人仁士之于天地之间，民之父母也，今为濡足之故，不救溺人，可乎？"申徒狄曰："不然。昔者，桀杀关龙逄[①]，纣杀王子比干而亡天下；吴杀子胥，陈杀泄治而灭其国。故亡国残家，非无圣智也，不用故也。"遂负石沈于河。君子闻之曰："廉矣乎，如仁与智，吾未见也。"《诗》曰："天实为之，谓之何哉？"[②]此之谓也。（《新序·节士第七》）

礼下贤者

公季死了，他的儿子昌即位，昌就是西伯，也就是后来的周文王。他继承后稷、公刘的事业，遵照古公、公季的法则，笃行仁义，尊老爱幼。文王能屈尊对待贤才，为了接待士人，常常到中午还顾不上吃早饭，士人纷纷来投奔他。伯夷、叔齐在孤竹国听说西伯尊敬老人，一起来投奔他。太颠、闳夭、散宜生、鬻子、辛甲大夫等人也纷纷来投奔他。

【出处】

公季卒，子昌立，是为西伯。西伯曰文王，遵后稷、公刘之业，则古公、公季之法，笃仁，敬老，慈少。礼下贤者，日中不暇食以待士，士以此多归之。伯夷、叔齐在孤竹，闻西伯善养老，盍往归之。太颠、闳夭、散宜生、鬻子、辛甲大夫之徒皆往归之。（《史记·周本纪》）

善人以人

贤良之士与人亲善是因为对方的仁德，一般人与人亲善是因为对方的能力，不肖的人与人亲善是看中了对方的财富。得到十匹千里马，不如得到一个伯乐；得到十把宝剑，不如得到一个欧冶；得到千里土地，不如得到一个圣人。舜帝得到皋陶而天下大治；汤得到伊尹而拥有夏民；周文王得到吕望而征服殷商。得到圣人的价值，又岂是土地可以丈量的呢？

① 关龙逄，一作关龙逢，"逄"，同"逢"。夏桀时大臣，因忠谏而被桀所杀。

② 据《庄子·盗跖》，申徒狄为殷末人，因屡劝君王不听，而跳河自杀。崔嘉生平不详。该故事时代有误。"天实为之，谓之何哉"，出自《诗经·邶风·北门》。

【出处】

贤者善人以人，中人以事，不肖者以财。得十良马，不若得一伯乐；得十良剑，不若得一欧冶；得地千里，不若得一圣人。舜得皋陶而舜授之，汤得伊尹而有夏民，文王得吕望而服殷商。夫得圣人，岂有里数哉？（《吕氏春秋·不苟论·赞能》）

周人所耻

西伯为人善良公正，诸侯都来请他裁决争端。虞、芮两国发生争执互不相让，于是前往周国请求裁决。两国代表进入周国境内，看到种田的人都互让田界，人们都以谦让长者为美德。两国代表还没见到西伯，内心已感到羞愧，相互说："我们争得面红耳赤，周人却引以为耻，还去干什么呢？去了也是丢人现眼，自取其辱啊。"于是折返回国，互相谦让而去。诸侯听说后，都夸耀西伯是受命于天的君主。

【出处】

西伯阴行善，诸侯皆来决平。于是虞、芮之人有狱不能决，乃如周。入界，耕者皆让畔，民俗皆让长。虞、芮之人未见西伯，皆惭，相谓曰："吾所争，周人所耻，何往为，祇取辱耳。"遂还，俱让而去。诸侯闻之，曰"西伯盖受命之君"。（《史记·周本纪》）

泽及髊骨

周文王派人挖掘池塘，挖出一具人的尸骨，官吏把此事禀告给文王，文王说："重新安葬他吧。"官吏说："这是一具无主的尸骨啊。"文王说："拥有天下者，就是天下的主人；拥有一国者，就是一国的主人。现在我不就是这死者的主人吗？"于是命令将死者入殓，重新安葬。百姓们得知这件事，都称赞说："文王真是个贤君啊！他的恩德惠及死者，更何况活人呢？"有的君主想方设法聚敛财物，国家却陷入灾难；文王得到朽骨，却能借它宣示自己的仁德。所以，在圣人看来，万物都可以加以利用。

【出处】

周文王使人抇池，得死人之骸。吏以闻于文王，文王曰："更葬之。"吏曰："此无主矣。"文王曰："有天下者，天下之主也；有一国者，一国之主也。今我非其主也？"遂令吏以衣棺更葬之。天下闻之曰："文王贤矣！泽及髊骨，又况于人乎？"或得宝以危其国，文王得朽骨以喻其意，故圣人于物也无不材。(《吕氏春秋·孟冬纪·异用》)

以信为管

夙沙国的人民杀死自己的君主来归附神农氏；密须国的民众捆绑自己的君主来投奔周文王。商汤、周武王不仅能驱使本国的人民，还能号令其他国家的民众。能役使他国的民众，国家虽小，士兵虽少，仍然可以建功立业。历史上有很多从平民一跃而成为天下之主的，这是因为他们大多能号令别国的民众追随自己。别国的民众为什么会听命于他？不能不认真追究啊。夏、商、周三代的成功之道都是一样，就是坚持以诚信为本。

【出处】

夙沙之民，自攻其君而归神农。密须之民，自缚其主而与文王。汤、武非徒能用其民也，又能用非己之民。能用非己之民，国虽小，卒虽少，功名犹可立。古昔多由布衣定一世者矣，皆能用非其有也。用非其有之心，不可察之本。三代之道无二，以信为管。(《吕氏春秋·离俗览·用民》)

欲得民心

文王住在岐山臣事纣王，虽然遭受冤屈侮辱，仍然表现得温雅恭顺，早晚准时朝拜，从不迟到。进献的贡物都经过精心挑选，很符合纣王的心意，每逢祭祀也显得格外虔诚。纣王非常高兴，于是封他为西伯，赏给他纵横千里的土地。文王再三拜谢说："我不要赏赐土地，只愿意替人民请求您废除炮烙之刑。"文王并不是厌恶纵横千里的土地，用它替人民请求废除炮烙之刑，为的是博取民心。得到民心，远胜过获得纵横千里的土地，这就是文王的智慧。

【出处】

文王处岐事纣，冤侮雅逊，朝夕必时，上贡必适，祭祀必敬。纣喜，命文王称西伯，赐之千里之地。文王载拜稽首而辞曰："愿为民请炮烙之刑。"文王非恶千里之地，以为民请炮烙之刑，必欲得民心也。得民心则贤于千里之地，故曰文王智矣。(《吕氏春秋·季秋纪·顺民》)

改行重善

周文王即位八年了。这年六月，文王生病，卧病在床五天后国都发生地震，震中就在城内。百官于是请求说："地震肯定跟君主有关，得想办法破解啊！"文王问说："怎样破解呢？"回答说："发动民众来增筑国都的城墙，应该就可以把灾祸移走吧。"文王说："这样不行。上天出现异象，是借以惩罚有罪的人。我肯定有过错，所以老天爷借机惩罚我。如今为此征发劳役增修城墙，等于是加重我的罪过。不如我自己认真反省，改过从善，这样也许可以移除灾祸吧。"于是慎重对待礼法、聘问以结交诸侯；整饬辞令、币帛以礼贤下士；颁布爵位、等级、田地等以赏赐群臣。没过多久，文王的病就好了，继续在位四十三年后去世。文王头脑清醒，平息祸殃、移除怪异的方式是多么得当啊！

【出处】

周文王立国八年，岁六月，文王寝疾五日而地动，东西南北不出国郊。百吏皆请曰："臣闻地之动，为人主也。今王寝疾五日而地动，四面不出周郊，群臣皆恐，曰'请移之'。"文王曰："若何其移之也？"对曰："兴事动众，以增国城，其可以移之乎！"文王曰："不可。夫天之见妖也，以罚有罪也。我必有罪，故天以此罚我也。今故兴事动众以增国城，是重吾罪也。不可。"文王曰："昌也请改行重善以移之，其可以免乎！"于是谨其礼秩、皮革，以交诸侯；饬其辞令、币帛、以礼豪士；颁其爵列、等级、田畴，以赏群臣。无几何，疾乃止。文王即位八年而地动，已动之后四十三年，凡文王立国五十一年而终。此文王之所以止殃翦妖也。(《吕氏春秋·季夏纪·制乐》)

改行重善

瑞自太王

西伯在位大约五十年的样子。当他被纣王囚禁在羑里的时侯，就把《易经》里的八卦推演为六十四卦。从《诗经》作者对西伯的称颂来看，似乎西伯是在裁决虞、芮两国讼事的那一年称王的。十年后去世，谥为文王。文王修改法度，制定正朔。追尊古公为太王，公季为王季，大概是因为称王的吉兆是从太王时开始的吧。

【出处】

西伯盖即位五十年。其囚羑里，盖益《易》之八卦为六十四卦。《诗》人道西伯，盖受命之年称王而断虞芮之讼。后十年而崩，谥为“文王”。改法度，制正朔矣。追尊古公为“太王”，公季为“王季”：盖王瑞自太王兴。（《史记·周本纪》）

周有玉版

周人拥有一块玉版，殷纣王派胶鬲前往索取，文王不给；派费仲前往索求，文王却给了他。这是因为胶鬲贤达而费仲没有德行。周人不愿意贤人在殷朝得志，所以把玉版给了费仲。周文王在渭水边提拔太公，那是尊重他；把玉版送给费仲，是看中他得志后可以扰乱殷纣。所以《老子》说：“不尊重老师，不爱惜可以利用的资源，虽则聪明，也是大糊涂蛋，这就叫作奥妙。”

【出处】

周有玉版[①]，纣令胶鬲索之，文王不予；费仲来求，因予之。是胶鬲贤而费仲无道也。周恶贤者之得志也，故予费仲。文王举太公于渭滨者，贵之也；而资费仲玉版者，是爱之也。故曰：“不贵其师，不爱其资，虽知大迷，是谓要妙。”[②]（《韩非子·喻老第二十一》）

---

① 玉版：据王子年《拾遗记》：“帝尧在位，圣德光洽，河洛之滨，得玉版方尺，图天地之形。”或为河洛之滨所得的宝物。

② 《韩非子·内储说下六微第三十一》载：“文王资费仲而游于纣之旁，令之谏纣而乱其心。”

文王出地

从前，周文王侵占盂地、攻克莒地、夺取酆地，引起纣王的厌恶。文王很害怕，于是请求进献洛水以西、赤壤一带方圆千里的土地，以换取朝廷废除炮烙之刑。天下人都很高兴。孔子感叹说："文王真是仁慈，不看重方圆千里的土地而请求废除炮烙之刑；文王真聪明啊，献出方圆千里的土地却赢得天下人的心。"

【出处】

昔者文王侵盂、克莒、举酆，三举事而纣恶之。文王乃惧，请入洛西立地、赤壤之国方千里，以请解炮烙之刑，天下皆说。仲尼闻之，曰："仁哉文王！轻千里之国而请解炮烙之刑。智哉文王！出千里之地而得天下之心。"（《韩非子·难二第三十七》）

今日安否

文王当太子的时候，每天三次到他父亲王季那里去请安。第一次是鸡叫头遍就穿好了衣服，来到父王的寝门外，问值班的内竖："今天父王的一切都平安吧？"内竖回答："一切平安。"听到这样的回答，文王就满脸喜色。第二次是中午，第三次是傍晚，请安的仪节都和第一次一样。如果王季身体欠安，内竖就会向文王禀告，文王听说之后，就满脸忧色，连走路都不能正常迈步。王季的饮食恢复如初，然后文王的神态才能恢复正常。每顿饭端上来的时候，文王一定要亲自察看饭菜的冷热；每顿饭撤下去的时候，文王一定要问吃了多少。同时交待掌厨的官员："吃剩的饭菜不要再端上去。"听到对方回答："是。"文王才放心地离开。武王做太子时，就以文王做太子时的行为为榜样，不敢有一点走样。文王如果有病，武王就头不脱冠衣不解带地昼夜侍养。文王吃饭少，武王也就吃饭少；文王吃饭增多，武王也就随着增多。12 天以后，文王的病也就好了。

【出处】

文王之为世子，朝于王季，日三。鸡初鸣而衣服，至于寝门外，问内竖之御者曰："今日安否何如?"内竖曰："安。"文王乃喜。及日中，又至，亦如之。及莫，又至，亦如之。其有不安节，则内竖以告文王，文王色忧，行不能正履。王季复膳，然后亦复初。食上，必在，视寒暖之节，食下，问所膳；命膳宰曰："末有原！"应曰："诺。"然后退。武王帅而行之，不敢有加焉。文王有疾，武王不脱冠带而养。文王一饭，亦一饭；文王再饭，亦再饭。旬有二日乃间。（《礼记·文王世子》）

与我九龄

文王问武王道："你做过什么梦吗？"武王答道："我梦见天帝给我九龄。"文王说："你认为这个梦是暗示什么呢？"武王说："西方还有九国尚未归顺，君王您大概最终要将他们占有吧。"文王说："你理解得不对。古代把年也叫作龄，齿也是龄。我的寿限是一百，你的寿限是九十，我把我的寿限给你三年。"于是，文王活到 97 岁就死了，而武王活到 93 岁才死。

【出处】

文王谓武王曰："女何梦矣？"武王对曰："梦帝与我九龄。"文王曰："女以为何也？"武王曰："西方有九国焉，君王其终抚诸？"文王曰："非也。古者谓年龄，齿亦龄也。我百尔九十，吾与尔三焉。"文王九十七乃终，武王九十三而终。（《礼记·文王世子》）

明堂不闭

周武王战胜商纣，进入殷都，还没有下车，就命令把黄帝的后代封到铸，帝尧的后代封到黎，帝舜的后代封到陈。下车之后，又命令把大禹的后代封到杞，立成汤的后代为宋国国君，以承续桑林的祭祀。武王诚惶诚恐，叹息流泪。命令周公旦请来殷商的遗老，请教殷商灭亡的原因，又问老百姓喜欢什么，需要什么。殷商的遗老回答说："百姓希望恢复盘庚的政治。"武王于是恢复盘庚的政治，散发巨桥的米粟，施舍鹿台的钱财，以此向百姓们表示自己没有私心。而后释放被拘禁的犯人，分发钱财，免除债务，救济贫困。又派人加高比干的坟墓，修葺箕子的住宅，在商容的闾里竖起标志，让往来的行人车辆伫立致敬。坐朝仅仅三天，就把参与筹划灭商的重臣封为诸侯，众大夫也打赏了土地，普通的士人都予以任命并减免赋税。做完这一切，武王才渡过黄河，回到丰镐，到祖庙报功。接着马放华山，牛投桃林，刀枪入库，终身不再使用。这就是武王的仁德。周天子的明堂大门从不关闭，以向天下人表明没有私藏。唯其没有私藏，才能深得民心、藏公信于天下。

【出处】

武王胜殷，入殷，未下轝，命封黄帝之后于铸，封帝尧之后于黎，封帝舜之后于陈。下轝，命封夏后之后于杞，立成汤之后于宋，以奉桑林[1]。武王乃恐惧，太息流涕，命周公旦进殷之遗老，而问殷之亡故，又问众之所说，民之所欲。殷之遗老对曰："欲复盘庚之政。"武王于是复盘庚之政，发巨桥之粟，赋鹿台之钱，以示民无私。出拘救罪，分财弃责，以振穷困。封比干之墓，靖箕子之宫，表商容之闾，士过者趋，车过者下。三日之内，与谋之士，封为诸侯，诸大夫赏以书社，庶士施政去赋。然后济于河，西归报于庙。乃税马于华山，税牛于桃林，马弗复乘，牛弗复服。衅鼓旗甲兵，藏之府库，终身不复用。此武王之德也。故周明堂外户不闭，示天下不藏也。唯不藏也，可以守至藏。(《吕氏春秋·慎大览·慎大》)

其乱至矣

周武王派斥候刺探殷商的动静，斥候返回禀报说："殷商出乱子了。"武王说："乱到什么程度？"斥候回答说："朝廷中正不压邪。"武王说："还没有乱到极点。"斥候再去刺探，回来禀报说："乱得更狠了。"武王说："乱到什么程度？"斥候回答说："有贤名的人都出逃了。"武王说："还没有乱到极点。"斥候又去刺探，回来禀报说："乱得更厉害了！"武王问："乱到什么程度？"斥候回答说："老百姓都不敢发牢骚了。"武王说："啊！"赶忙把情况告诉太公望，太公望回答说："正不压邪称之暴乱，贤人出逃称之崩溃，老百姓不敢发泄不满，说明刑法极为苛刻。殷商的混乱已到极点，无以复加了。"于是挑选战车三百辆，勇士三千名，通告天下诸侯，以甲子日为期，兵至牧野，终于一举击败商纣的军队。武王知道纣王不是自己的对手，但他仍然善于借用敌方的力量，耐心等待时机成熟。

【出处】

武王使人候殷，反报岐周曰："殷其乱矣！"武王曰："其乱焉至？"对曰："谗慝胜良。"武王曰："尚未也。"又复往，反报曰："其乱加矣！"武王曰："焉至？"

① 桑林：相传为成汤祈雨之地，此处有延续成汤香火之意。

对曰："贤者出走矣。"武王曰："尚未也。"又往，反报曰："其乱甚矣！"武王曰："焉至？"对曰："百姓不敢诽怨矣。"武王曰："嘻！"遽告太公，太公对曰："谗慝胜良，命曰戮；贤者出走，命曰崩；百姓不敢诽怨，命曰刑胜。其乱至矣，不可以驾矣。"故选车三百，虎贲三千，朝要甲子之期，而纣为禽。则武王固知其无与为敌也。因其所用，何敌之有矣！（《吕氏春秋·慎大览·贵因》）

武王疾行

武王伐纣到达鲔水，殷商派胶鬲刺探周国的军情。武王会见胶鬲，胶鬲问："您这是要到哪里去呢？请告诉我真话。"武王说："我不瞒你，是要出征殷商。"胶鬲说："哪一天到达？"武王说："部队将在甲子日到达殷都郊外。你赶快回去禀报吧！"胶鬲走后，天下起了连阴雨。武王命令部队加速前进。军官们都劝谏说："士兵们很疲惫，让他们休息休息吧。"武王说："我已经让胶鬲把甲子日到达殷都郊外的事禀报给他的君主了。如果不能按期到达，就会让胶鬲丧失信用，他的君主一定会杀死他。我加速行军，是为了救胶鬲的命啊。"部队果然在甲子日到达殷都郊外。殷商的军队已摆好阵势。武王到达后，两军交战，结果把殷商打得大败。这就是武王的仁义。武王的行为符合人性，纣王的行为违反人性，事先摆好阵势又有什么用？正好让武王不战而获胜。

【出处】

武王至鲔水，殷使胶鬲候周师，武王见之。胶鬲曰："西伯将何之？无欺我也！"武王曰："不子欺，将之殷也。"胶鬲曰："朅至？"武王曰："将以甲子至殷郊，子以是报矣！"胶鬲行。天雨，日夜不休，武王疾行不辍。军师皆谏曰："卒病，请休之。"武王曰："吾已令胶鬲以甲子之期报其主矣，今甲子不至，是令胶鬲不信也。胶鬲不信也，其主必杀之。吾疾行，以救胶鬲之死也。"武王果以甲子至殷郊，殷已先陈矣。至殷，因战，大克之。此武王之义也。人为人之所欲，己为人之所恶，先陈何益？适令武王不耕而获。（《吕氏春秋·慎大览·贵因》）

吾国之妖

武王战胜殷商之后，抓到两个俘虏，问他们说："你们国家有什么怪异的事情吗？"一个回答说："有啊，白天看见星星，天上下起血雨，这就是我们国家出现的怪异之事。”另一个回答说：“这还算不上非常怪异。儿子不顺从父亲，弟弟不服从兄长，君主的政令得不到实施，这才是最大的怪事啊！”武王听了，连忙离开坐席向他行礼。这不是认为俘虏尊贵，而是觉得他的言论可贵。所以《周易》上说：“凡事战战兢兢，小心翼翼，就像踩着老虎尾巴一样，一定会有好的结局。”

【出处】

武王胜殷，得二虏而问焉，曰：“若国有妖乎？”一虏对曰：“吾国有妖，昼见星而天雨血，此吾国之妖也。”一虏对曰：“此则妖也，虽然，非其大者也。吾国之妖甚大者，子不听父，弟不听兄，君令不行，此妖之大者也。”武王避席再拜之。此非贵虏也，贵其言也。故《易》曰：“愬愬履虎尾，终吉。”（《吕氏春秋·慎大览·慎大》）

日中为期

武王进驻殷都后，听说有个德高望重的长者，就去拜访他，向他请教殷商亡国的原因。长者回答说：“如果您想知道，明天日中之时请您再来。”第二天，武王和周公旦提前到达，长者却没有如期而至。武王感到奇怪，周公说：“我明白老人家的意思了。他真是个君子啊。不亲近君主是他做人的准则，也不忍心讲过去君主的坏话。约定好时间却不如期赴约，是说话不守信用，这就是他所说的殷商亡国的原因啊！”

【出处】

武王入殷，闻殷有长者，武王往见之，而问殷之所以亡。殷长者对曰：“王欲知之，则请以日中为期。”武王与周公旦明日早要期，则弗得也。武王怪之，周公曰：“吾已知之矣。此君子也。取不能其主，有以其恶告王，不忍为也。若夫期而不当，言而不信，此殷之所以亡也，已以此告王矣。”（《吕氏春秋·慎大览·贵因》）

武王系堕

周武王统帅大军伐纣，到达殷都郊外的时候，他的鞋带散了。当时他身边有五位辅臣，却没有任何人上前帮他系上鞋带。他们的理由是：“系鞋带并不在我们的职责范围。”武王左手放下白羽，右手放下黄钺，自己弯腰把鞋带系上。孔子评价此事说：“这正是五位大夫深得武王重用的原因，却也是不肖君主不能容忍的。”所以天子有时候比不上小民，王者不如诸侯。

【出处】

武王至殷郊，系堕。五人御于前，莫肯之为，曰：“吾所以事君者，非系也。”武王左释白羽，右释黄钺，勉而自为系。孔子闻之曰：“此五人者之所以为王者佐也，不肖主之所弗安也。”故天子有不胜细民者，天下有不胜千乘者。（《吕氏春秋·不苟论·不苟》）

文王伐崇

周文王攻打崇国，到凤黄墟的时候，他的袜带散了，就自己系好。姜太公说：“何苦亲自系袜带呢？”文王说：“君主把上等人尊为老师，以中等人为朋友，视下等人为可以使唤的人。现在我周围都是已故父王的旧臣，哪有可以使唤的人呢。”

【出处】

文王伐崇，至凤黄虚，袜系解，因自结。太公望曰：“何为也？”王曰：“上，君与处皆其师；中，皆其友；下，尽其使也。今皆先君之臣，故无可使也。”（《韩非子·外储说左下第三十三》）

何以治国

周武王将太公望封在齐国，周公旦封在鲁国。两位君主十分友好，在一起讨论靠什么治理国家。太公望说：“尊敬贤才，崇尚功绩。”周公旦说：“亲近亲人，崇尚恩爱。”太公望说：“如果是这种思路，鲁国恐怕会逐渐削弱。”周公旦说：“鲁国虽然会削弱，但后世拥有齐国的，也肯定不是吕氏之后。”齐国后来日益强大，以至于称霸诸侯，但传位二十四世就被田氏取代。鲁国的实力一直较弱，后来勉强维持，传到三十四代，也被楚国所灭。

【出处】

吕太公望封于齐，周公旦封于鲁，二君者，甚相善也。相谓曰："何以治国？"太公望曰："尊贤上功。"周公旦曰："亲亲上恩。"太公望曰："鲁自此削矣。"周公旦曰："鲁虽削，有齐者，亦必非吕氏也。"其后，齐日以大，至于霸，二十四世而田成子有齐国。鲁公以削，至于觐存，三十四世而亡。（《吕氏春秋·仲冬纪·长见》）

国亦有染

墨子见人染丝，有感而发说："放入青色染料，素丝就变成青色；放入黄色染料，素丝就变成黄色；染料变了，素丝的颜色也跟着变化，染五次就变出五种颜色。"所以，染色不可以不慎重啊。不仅染丝如此，国家也是一样。舜受到许由、伯阳的熏染，禹受到皋陶、伯益的熏染，商汤受到伊尹、仲虺的熏染，武王受到太公望、周公旦的熏染。这四位帝王，因为所受的熏染得当，所以能统治天下，立为天子，功比天地。凡列举天下的圣王，一例要推举这四位帝王。夏桀受到干辛、岐踵戎的熏染，殷纣受到崇侯、恶来的熏染，周厉王受到虢公长父、荣夷终的熏染，周幽王受到虢公鼓、祭公敦的熏染。这四位君王，因为所受的熏染失当，结果国破身死，被天下人耻笑。凡说到天下不仁不义的君主，一例会列举这四位君王。

【出处】

墨子见染素丝者而叹曰："染于苍则苍，染于黄则黄，所以入者变，其色亦变，五入而以为五色矣。"故染不可不慎也。非独染丝然也，国亦有染。舜染于许由、伯阳，禹染于皋陶、伯益，汤染于伊尹、仲虺，武王染于太公望、周公旦。此四王者，所染当，故王天下，立为天子，功名蔽天地。举天下之仁义显人，必称此四王者。夏桀染于干辛、岐踵戎，殷纣染于崇侯、恶来，周厉王染于虢公长父、荣夷终，幽王染于虢公鼓、祭公敦。此四王者，所染不当，故国残身死，为天下僇。举天下之不义辱人，必称此四王者。（《吕氏春秋·仲春纪·当染》）

以乱易暴

从前周朝崛起的时候，有两位居住在孤竹国的贤士，名叫伯夷、叔齐，一起商量说：“听说西方有个西伯，传闻是个仁德之君，我们还待在这里干什么呢？”于是出发西行投奔周国。走到岐山南麓的时候，传来文王去世的消息。武王即位，宣扬周国的政德，派叔旦到四内去找胶鬲，跟他盟誓说；“为你增加三级俸禄，官居一等。”准备了三份盟书，文辞相同，把牲血涂在盟书上，一份埋在四内，朝廷和胶鬲各持一份。武王又派太保召公到共头山下去见微子开，跟他盟誓说：“让你世世代代为诸侯之长，供奉殷商的祖庙，履行桑林的祭祀，拥有孟诸的封地。”也是三份盟书，涂以牲血，一份埋在共头山下，双方各持一份。伯夷、叔齐听到这些事，相视而笑道：“怎么跟从前听说的不大一样呢？这不是我们理解的‘道’。从前神农氏治理天下的时候，四时祭祀毕恭毕敬，然而并不祈福，对老百姓以忠信为怀，尽心治理而无所求；百姓盼望公正，就努力做到公正；百姓盼望太平，就努力实现太平；不利用别人的失败谋求成功，不利用别人的卑微显示高尚。如今周看到殷邪僻淫乱，便急急忙忙取而代之，这是崇尚计谋，借助贿赂，倚仗武力，炫耀威势。把杀牲盟誓当作诚信，凭借四内和共头的盟约来宣扬德行，宣扬武王灭商的梦兆来取悦百姓，依靠屠杀攻伐来攫取利益，使用这些手段来取代殷商，不过是以悖乱代替暴虐。听说古代的贤士，太平之世不得意忘形，动乱之世不苟且偷生。如今天下黑暗，周德衰微。与其投靠周朝名节受污，不如远离以保持我们清白的品行。”于是两人离开周国北行，走到首阳山下，饥饿而死。

【出处】

昔周之将兴也，有士二人，处于孤竹，曰伯夷、叔齐。二人相谓曰：“吾闻西方有偏伯焉，似将有道者，今吾奚为处乎此哉？”二子西行如周，至于岐阳，则文王已殁矣。武王即位，观周德，则王使叔旦就胶鬲于次四内[①]，而与之盟曰：“加富三等，就官一列。”为三书，同辞，血之以牲，埋一于四内，皆以一归。又使保召公就微子开于共头之下，而与之盟曰：“世为长侯，守殷常祀，相奉桑林，宜私孟诸。”为三书，同辞，血之以牲，埋一于共头之下，皆以一归。伯夷、叔齐闻之，相视而笑曰：“嘻！异乎哉！此非吾所谓道也。昔者神农氏之有天下也，

① 四内：古地名。

时祀尽敬而不祈福也；其于人也，忠信尽治而无求焉；乐正与为正，乐治与为治；不以人之坏自成也，不以人之庳自高也。今周见殷之僻乱也，而遽为之正与治，上谋而行货，阻丘而保威也。割牲而盟以为信，因四内与共头以明行，扬梦以说众，杀伐以要利，以此绍殷，是以乱易暴也。吾闻古之士，遭乎治世，不避其任；遭乎乱世，不为苟在。今天下暗，周德衰矣。与其并乎周以漫吾身也，不若避之以洁吾行。”二子北行，至首阳之下而饿焉。（《吕氏春秋·季冬纪·诚廉》）

周公摄政

成王接替王位的时候，年纪还小。天下初定，周公担心诸侯背叛，便摄政主持国家大事。管叔、蔡叔等兄弟怀疑周公企图篡位，于是勾结武庚作乱。周公奉成王之命，讨伐武庚、管叔，流放蔡叔。用微子开代替武庚为殷的后代，被封于宋。又聚合了不少殷朝遗民，封武王的小弟弟康叔于卫。晋唐叔获得吉祥的谷穗，献给成王，成王把它送到周公的驻地。周公在东方接受嘉禾。当初，管叔、蔡叔背叛周室，周公讨伐他们，用了三年时间才平定叛乱，所以最先作了《大诰》，其次作了《微子之命》，再次作了《归禾》，再其次作了《嘉禾》，最后是《康诰》《酒诰》《梓材》，以上诸事皆见于《鲁周公世家》。周公摄政七年，见成王已长大成人，这才还政成王，重新北面称臣。

【出处】

成王少，周初定天下，周公恐诸侯畔周，公乃摄行政当国。管叔、蔡叔群弟疑周公，与武庚作乱，畔周。周公奉成王命，伐诛武庚、管叔，放蔡叔。以微子开代殷后，国于宋。颇收殷馀民，以封武王少弟封为卫康叔。晋唐叔得嘉谷，献之成王，成王以归周公于兵所。周公受禾东土，鲁天子之命。初，管、蔡畔周，周公讨之，三年而毕定，故初作《大诰》，次作《微子之命》，次《归禾》，次《嘉禾》，次《康诰》《酒诰》《梓材》，其事在周公之篇。周公行政七年，成王长，周公反政成王，北面就群臣之位。（《史记·周本纪》）

不言之听

胜书问周公旦说：“朝廷内人多嘴杂，轻声说您听不到，大声讲别人会知道。是轻声说呢，还是大声说？”周公旦说：“轻声说吧。”胜书说：“如今有件事情，隐晦地说不一定说得清楚，不说就办不成。是隐晦地说呢，还是不说？”周公旦说：“不用说了。”胜书能以不说点拨周公，周公也能凭胜书的暗示听懂他的意思。殷商虽然厌恶周，却也挑不出毛病。嘴里没讲，通过神情告知对方，纣虽然多心，也不知道周的计谋。眼睛看不到无形的事实，耳朵听不到无声的内容，殷商打探消息的人虽多，也不能窥知周的秘密。听者与说者好恶一致，志趣相投，纣虽然贵为天子，也不能把他们隔断。

【出处】

胜书说周公旦曰：“延小人众，徐言则不闻，疾言则人知之。徐言乎，疾言乎？”周公旦曰：“徐言。”胜书曰：“有事于此，而精言之而不明，勿言之而不成。精言乎，勿言乎？”周公旦曰：“勿言。”故胜书能以不言说，而周公旦能以不言听。此之谓不言之听。不言之谋，不闻之事，殷虽恶周，不能疵矣。口唔不言，以精相告，纣虽多心，弗能知矣。目视于无形，耳听于无声，商闻虽众，弗能窥矣。同恶同好，志皆有欲，虽为天子，弗能离矣。（《吕氏春秋·审应览·精谕》）

服小劫大

周公旦已战胜殷商，接着准备攻打商盖。辛公甲说：“大国难以攻取，小国容易征服。不如先征服众多小国，再来对付大国。”于是攻取了九夷，商盖跟着就被征服了。

【出处】

周公旦已胜殷，将攻商盖。辛公甲曰：“大难攻，小易服。不如服众小以劫大。”乃攻九夷而商盖服矣。（《韩非子·说林上第二十二》）

造父御马

造父驾驭拉车的四匹马，时而向前奔驰，时而绕圈打转，显得得心应手。所以能得心应手地驭马，是因为他有独掌马缰和马鞭的权力。然而马被突然蹿出来的猪所惊吓，造父就失去了控制。王良驾驭副车，不用马缰和马鞭驯马，而是根据马的喜好，善用草料和饮水来控制。然而马经过草圃水池，副车就失去了控制，并不是草料和饮水不足，而是草圃水池分散了马的注意力。王良、造父是天下著名的驭车能手，然而使王良掌握马勒的左边大声呵斥，让造父掌握马勒的右边用鞭抽打，马连十里路也走不了，这是由于两人共同驾驭、相互干扰的缘故。田连、成窍都是天下著名的弹琴高手，然而让田连在琴首弹拨，让成窍在琴尾按捺，就不能弹成曲子，这也是两人共同操作的结果。以王良、造父技能的高超，共掌马缰驾驭，却不能驱使马，君主又怎么能够与臣子共同掌权来治理国家呢？凭田连、成窍的技巧，共同弹琴却不能弹成乐曲，君主又怎么能与臣子共同利用威势来建立功业呢？

【出处】

造父御四马，驰骤周旋而恣欲于马。恣欲于马者，擅辔策之制也。然马惊于出彘而造父不能禁制者，非辔策之严不足也，威分于出彘也。王子于期为驸驾，辔策不用而择欲于马，擅刍水之利也。然马过于圃池而驸驾败者，非刍水之利不足也，德分于圃池也。故王良、造父，天下之善御者也，然而使王良操左革而叱咤之，使造父操右革而鞭笞之，马不能行十里，共故也。田连、成窍，天下善鼓琴者也，然而田连鼓上、成窍擫下而不能成曲，亦共故也。夫以王良、造父之巧，共辔而御，不能使马，人主安能与其臣共权以为治？（《韩非子·外储说右下第三十五》）

女三为粲

共王在泾水上游玩，密康公随从伺候。有三个美女来投奔密康公。密康公的母亲说："你一定要把这三个女子献给君王。野兽三只以上叫'群'，人三个以上叫'众'，女子三个以上叫'粲'。天子打猎，从不猎取三只以上的野兽，处理公事一定虚心听取三人以上的意见，天子的妃嫔没有三人属于同族的。'粲'是形容美好的事物。一下子得到这么多美女，你有什么德行匹配享用呢？天子都不配享用，更何况你这种小人物！小人物占有这类东西，肯定不会有好下场。"密康公不肯献出美女，过了一年，共王就把密康公灭掉了。

【出处】

共王游于泾上，密康公从，有三女奔之。其母曰："必致之王。夫兽三为群，人三为众，女三为粲。王田不取群，公行不下众，王御不参一族。夫粲，美之物也。众以美物归女，而何德以堪之？王犹不堪，况尔之小丑乎！小丑备物，终必

亡。”康公不献，一年，共王灭密。(《史记·周本纪》)

匹夫专利

周厉王贪图财利，亲近荣夷公。大夫芮良夫劝谏厉王说：“王室恐怕要衰落了吧？荣夷公根本不知道垄断财利的恶果。财利是天地万物的恩赐，应该由大家共同分享。怎么可以由王朝来垄断呢？触犯了大家的利益，又不加防备，还用垄断财利的理念来影响大王，大王的位置还坐得稳吗？作为天子，本来应该广开财源以满足天下人的需要。即便处心积虑使神、人、万物各得其所，仍然担心不能让各方满意。所以《颂》说：‘追念先祖后稷，能够造福天下；安定众多百姓，无不合乎原则。’《大雅》也说：‘布施赐予，成我周邦。’都是强调要广开财源以满足天下，所以能保存周邦延绵至今。现在大王想垄断财利，这怎么行呢？普通人垄断财利尚且被称为‘盗’，大王这么干，天下还有几个人会跟随大王呢？荣夷公得到重用，周朝肯定会走向衰败。”厉王不听，仍然任用荣夷公为卿士，让他主持国家大事。

【出处】

厉王即位三十年，好利，近荣夷公。大夫芮良夫谏厉王曰：“王室其将卑乎？夫荣公好专利而不知大难。夫利，百物之所生也，天地之所载也，而有专之，其害多矣。天地百物皆将取焉，何可专也？所怒甚多，不备大难。以是教王，王其能久乎？夫王人者，将导利而布之上下者也。使神人百物无不得极，犹日怵惕惧怨之来也。故《颂》曰：‘思文后稷，克配彼天，立我蒸民，莫匪尔极。’《大雅》曰：‘陈锡哉周。’①是不布利而惧难乎，故能载周以至于今。今王学专利，其可乎？匹夫专利，犹谓之盗，王而行之，其归鲜矣。荣公若用，周必败也。”厉王不听，卒以荣公为卿士，用事。(《史记·周本纪》)

民之有口

周厉王暴虐无道，国人都指责他。召公报告说：“民众已经到了不堪忍受的地步。”厉王很生气，找来卫国的巫师，派他专门监视诽谤朝政的人。只要得到

① “思文后稷，克配彼天，立我蒸民，莫匪尔极”，出自《诗经·周颂·思文》，“陈锡哉周”，出自《诗经·大雅·文王》。

卫巫的报告，便将责难者杀头处死。于是国人不敢说话，路上相见只用眼色示意。厉王非常高兴，对召公说："我能平息诽谤了，没人再敢讲朝廷的坏话。"召公说："这是您堵住了他们的嘴巴。堵住民众的嘴巴，比堵塞河流还要可怕。河坝一旦决口，很多人会受到伤害，民众也是一样。因此，治理河道正确的办法是要疏通河道，使水流保持通畅；治理国家正确的办法是要让老百姓有言论自由。所以，天子处理政务，要让各级官吏搜集民间诗歌，乐官搜集民间乐曲，史官进献史书，师傅诵读箴言，盲人咏诵讥讽朝政的诗篇，掌管营建事务的百工纷纷进谏，平民则将自己的意见转达给君王，让身边的臣子尽规劝之责，让同宗的大臣弥补天子的过失，监督天子的政事，然后由天子斟酌取舍，付之实施。这样国家的政事才得以平稳运行。民众有口说话，就好比土地上有山川河流能产生财富，大地上有平川沃野能供给衣食一样。老百姓能评价和议论政事的好坏，才能做到惩恶扬善，朝廷财源充足，老百姓丰衣足食。民众能说出心中的忧虑、牵挂和不满，只要按他们的愿望改正就行了，怎么能强行阻止呢？如果堵住嘴巴不让他们说话，那朝政还能支撑多久呢？"厉王不听劝告，于是再也没人站出来说话，过了三年，国人把厉王撵出国都，放逐到彘地去了。

【出处】

厉王虐，国人谤王。召公告曰："民不堪命矣！"王怒，得卫巫，使监谤者，以告，则杀之。国人莫敢言，道路以目，王喜，告召公曰："吾能弭谤矣，乃不敢言。"召公曰："是障之也。防民之口，甚于防川。川壅而溃，伤人必多，民亦如之。是故为川者决之使导，为民者宣之使言。故天子听政，使公卿至于列士献诗，瞽献曲，史献书，师箴，瞍赋，矇诵，百工谏，庶人传语，近臣尽规，亲戚补察，瞽、史教诲，耆、艾修之，而后王斟酌焉，是以事行而不悖。民之有口，犹土之有山川也，财用于是乎出；犹其原隰之有衍沃也，衣食于是乎生。口之宣言也，善败于是乎兴，行善而备败，其所以阜财用，衣食者也。夫民虑之于心而宣之于口，成而行之，胡可壅也？若壅其口，其与能几何？"王不听，于是国莫敢出言，三年，乃流王于彘。(《国语·周语上》)

善之则畜

《周书》上说："如果善待百姓，他们就会心甘情愿供你役使；不善待他们，就会仇视怨恨你。"多一个仇人就多一份风险。周厉王贵为天子，因为触犯众怒，所以被放逐到彘地，祸及子孙。如果没有召公虎，厉王就断绝了后嗣。如今的君主，都想统治更多的百姓，却不懂得善待他们，这只是增加仇人而已。不善待百姓，就得不到百姓的拥护；役使百姓的身体并不意味着得到百姓拥护，必须让百姓发自内心拥护你，即所谓的“爱戴”。舜出身平民而占有天下，桀身为天子却死无葬身之地，两人的得失全在于民心向背。民心得失的道理不能不了解。商汤、周武王懂得其中的道理，所以能功成名就。

【出处】

《周书》曰：“民，善之则畜也，不善则仇也。”有仇而众，不若无有。厉王，天子也，有仇而众，故流于彘，祸及子孙，微召公虎而绝无后嗣。今世之人主，多欲众之，而不知善，此多其仇也。不善则不有。有必缘其心，爱之谓也。有其形不可为有之。舜布衣而有天下，桀，天子也，而不得息，由此生矣。有无之论，不可不熟。汤、武通于此论，故功名立。（《吕氏春秋·离俗览·适威》）

不顺必犯

鲁武公率长子括与次子戏朝见周宣王，宣王主张立戏为鲁太子。樊仲山父劝谏说：“不能立戏为太子。命令不合情理必然遭到抵制，违犯王命就会治罪，因此天子发布命令不可不慎重。命令得不到贯彻执行，政事就无法治理；推行不合情理的政策，老百姓就会抛弃统治者。下事上，少事长，这是已有的规矩。现在陛下立诸侯却封少子为太子，这不是教人去做违反规矩的事情吗？如果鲁君服从命令立少子为太子，诸侯各国纷纷仿效，那先王立长的遗训就废了；如果鲁君不服从命令而被治罪，等于是陛下自己坏了先王的规矩。这件事，治罪不恰当，不治罪也不恰当，请陛下慎重处置！”宣王仍然坚持立戏为鲁太子。夏天，武公回鲁国后去世，戏继位，就是懿公。鲁懿公九年，括的儿子伯御杀懿公自立。

【出处】

鲁武公以括与戏见王，王立戏，樊仲山父谏曰：“不可立也！不顺必犯，犯王命必诛，故出令不可不顺也。令之不行，政之不立。行而不顺，民将弃上。夫下事上，少事长，所以为顺也。今天子立诸侯而建其少，是教逆也。若鲁从之，而诸侯效之，王命将有所壅，若不从而诛之，是自诛王命也。是事也，诛亦失，不诛亦失，天子其图之！”王卒立之。鲁侯归而卒，及鲁人杀懿公而立伯御。（《国语·周语上》《史记·鲁周公世家》）

周宣姜后

周宣王的王后姜氏，是齐侯的女儿。她贤达而有美德。不合礼法的话不说，不合礼法的事不做。宣王经常早睡晚起，待在后宫不肯临朝。于是姜后摘下头饰，站在永巷待罪，并让她的傅母传话给宣王说："是臣妾无德无才，滋生淫逸享乐之心，以至君王受累，常常晚朝失礼，给人留下君王贪色而忘德的印象。一旦迷恋女色，就一定会穷奢极逸，疏于朝政，引起社会的动乱。现今国家存在动乱的潜在因素，根源就在于臣妾，就请君王惩罚我吧。"宣王说："是寡人的过失，与夫人无关。"于是听从姜后的劝告，勉力勤政，起早贪黑，终于成为中兴名君。人们称赞姜后威仪而有德行。按照礼制，夫人在后宫侍奉君王，要等夜色深沉后秉烛而入，进宫后要将烛火熄灭。到卧室后，要脱去朝服，穿上睡衣。然后再侍奉君王。到了鸡鸣时分，有乐师击鼓示意天亮。这时夫人要马上起床穿衣，让玉佩相互碰撞，发出叮当之声离去。《诗经》中说："仪表堂堂威凛凛，政教法令真清明。"又说："低地桑树姿态柔，叶子肥厚黑黝黝，如果见了我夫君，互诉衷情意相投。"女人因为姣好的容貌获得宠幸，但要以好的品德巩固地位，姜氏的美德无可挑剔。

【出处】

周宣姜后者，齐侯之女也。贤而有德，事非礼不言，行非礼不动。宣王尝早卧晏起，后夫人不出房。姜后脱簪珥，待罪于永巷，使其傅母通言于王曰："妾不才，妾之淫心见矣，至使君王失礼而晏朝，以见君王乐色而忘德也。夫苟乐色，必好奢穷欲，乱之所兴也。原乱之兴，从婢子起。敢请婢子之罪。"王曰："寡人不德，实自生过，非夫人之罪也。"遂复姜后而勤于政事。早朝晏退，卒成中兴之名。君子谓，姜后善于威仪而有德行。夫礼，后夫人御于君，以烛进。至于君所，灭烛，适房中，脱朝服，衣亵服，然后进御于君。鸡鸣，乐师击鼓以告旦，后夫人鸣佩而去。《诗》曰："威仪抑抑，德音秩秩。"又曰："隰桑有阿，其叶有幽，既见君子，德音孔胶。"[①] 夫妇人以色亲，以德固。姜氏之德行可谓孔胶也。（《列女传·卷二贤明传》）

---

① "威仪抑抑，德音秩秩"，出自《诗经·大雅·假乐》；"隰桑有阿，其叶有幽，既见君子，德音孔胶"，出自《诗经·小雅·隰桑》。

民不可料

周宣王出征失败后，就在太原进行人口普查。仲山父劝谏说："百姓是不能查点的！古时候不查点就能知道百姓有多少，司民统计年老病死者，司商核计出生受姓者，司徒掌握能征调的兵员，司寇掌握受惩的罪犯，牧人管理从事畜牧的民数，百工管理从事手工业的人数，场人敛藏收获的谷物，廪人出纳需用的物资，因此百姓的多少、死生、出入、往来尽在掌握之中。百姓的多少还可以在日常政务中考察。天子在藉田上督促农耕，春闲时田猎，夏锄秋收时藉田督促，秋收和冬季农事完毕后再举行大规模的狩猎，这些都是熟悉了解百姓的过程，又何必要专门清查呢？一方面说百姓没有减少，另一方面却要去大事查点，不正暴露出百姓减少、政事衰坏吗？掌管国政而百姓锐减，诸侯就会躲避疏远；治理民众而政事衰败，政令就无法推行。况且无缘无故查点百姓，老天爷也会厌恶。既危害政事，也不利于子孙后代。"宣王不听，坚持进行人口普查，到幽王时，国家便灭亡了。

【出处】

宣王既丧南国之师，乃料民于太原。仲山父谏曰："民不可料也！夫古者不料民而知其少多，司民协孤终，司商协民姓，司徒协旅，司寇协奸，牧协职，工协革，场协入，廪协出，是则少多、死生、出入、往来者皆可知也。于是乎又审之以事，王治农于籍，蒐于农隙，耨获亦于籍，狝于既烝，狩于毕时，是皆习民数者也，又何料焉？不谓其少而大料之，是示少而恶事也。临政示少，诸侯避之。治民恶事，无以赋令。且无故而料民，天之所恶也，害于政而妨于后嗣。"王卒料之，及幽王乃废灭。（《国语·周语上》）

晨霜践履

尹吉甫在周宣王时担任上卿，是宣王中兴的重臣，武功文治都有重大建树。他还是《诗经》的主要采集者，被尊为中华诗祖。[1]尹吉甫有个儿子名叫伯奇，伯奇的母亲早死，尹吉甫又娶了后妻，后妻生的儿子名叫伯邦。偏心的后妻在尹

① 台湾学者李辰冬认为《诗经》乃尹吉甫一人所作。尹吉甫采邑在房陵（今湖北房县），晚年被流放至房陵，死后葬于今房县青峰山，其后裔世居于此。

吉甫面前说伯奇的坏话，尹吉甫于是将伯奇撵出家门。寒冷的清晨，伯奇在霜地上行走，为自己并无过错而悲伤，于是创作了一首琴曲《履霜操》，歌词大意是："脚踏晨霜啊冒着清晨的寒冷，父亲不明白我的心啊听信谗言。辜负养育之恩啊撕肝裂肺，敢问皇天啊为何要遭受严惩？生母去世啊父爱有偏，谁来关心我啊了解我的蒙冤？"不久周宣王出游，吉甫跟随。宣王从伯奇的歌声中听出了弦外之音，于是感叹说："这是孝子的倾诉啊。"尹吉甫在野外找到伯奇，明白了事情真相，因而将后妻射死。①

【出处】

《履霜操》者，尹吉甫之子伯奇所作也。吉甫，周上卿也，有子伯奇。伯奇母死，吉甫更娶后妻，生子曰伯邦。乃谮伯奇于吉甫曰："伯奇见妾有美色，然有欲心。"吉甫曰："伯奇为人慈仁，岂有此也？"妻曰："试置妾空房中，君登楼而察之。"后妻知伯奇仁孝，乃取毒蜂缀衣领，伯奇前持之。于是吉甫大怒，放伯奇于野。伯奇编水荷而衣之，采花而食之，清朝履霜，自伤无罪见逐，乃援琴而鼓之曰："履朝霜兮采晨寒，考不明其心兮听谗言，孤恩别离兮摧肺肝，何辜皇天兮遭斯愆。痛殁不同兮恩有偏，谁说顾兮知我冤。"宣王出逊，吉甫从之，伯奇乃作歌，以言感之于宣王。宣王闻之，曰："此孝子之辞也。"吉甫乃求伯奇于野而感悟，遂射杀后妻。（蔡邕《琴操·卷上·履霜操》）

檿弧箕服

从前，当夏后氏衰败的时候，有两条神龙降落在夏帝的庭院开口说："我们是褒国的君主。"夏帝占卜，询问是杀掉它、赶走它或留下它，均不吉利。又占卜问是否可以把龙的涎沫收藏起来，得到吉兆。于是陈设布帛，书于简策，向神龙祷告。神龙飞走之前留下涎沫，被盛入金盘收藏于朱匣之中。夏朝灭亡后匣子传给商。商亡国后又传给周。接连三个朝代，都没人敢打开它。到厉王末年，匣子里放出毫光，厉王令打开观看。因接盘失手，涎沫倾覆，横流庭下，化为幼鳖

① 西汉杨雄《琴清音》与蔡邕《琴操》记载不同，称尹吉甫之子伯奇投江自尽，吉甫抚琴追思。据《太平御览》卷九二三《羽族部》十：《伯劳》：曹植在《贪恶鸟论》中说："昔尹吉甫信用后妻之谗，而杀孝子伯奇，其弟伯封求而不得，作《黍离》之诗"，即认为《黍离》一诗是伯奇的弟弟伯邦所作，诗中名句"知我者谓我心忧，不知者谓我何求"，表达了对父亲尹吉甫的哀怨之情。另《幼学琼林》："欲知孝子伤心，晨霜践履；每见雄军喜气，晚雪销融"，"晚雪销融"的典故来源于唐代章孝标《淮南李相公绅席上赋春雪》一诗。

钻入后宫。后宫有个童女偶踏鳖迹，有感而孕。厉王怪她无夫受孕，将其囚拘幽室。过了四十年，到宣王朝时，竟然诞下一名女婴。宣王夫人认为是怪物，让人将女婴丢弃河中。当时民间有童谣说：“见到山桑做成的弓和箕木做成的箭囊，周国将要灭亡。”正好有一对夫妇进城卖这两样东西，宣王让人把两人抓起来要杀头。两人转身逃跑，见到宫中丢弃在河边的婴儿啼哭，出于怜悯收养了她。夫妇俩逃往褒国。适逢褒国人犯罪，便献上美女褒姒以求赦免。这个褒姒，就是当年宫中丢弃的女婴。幽王得到褒姒，宠爱无比。褒姒生下儿子伯服后，幽王便废黜申后和太子，改立褒姒为王后，伯服为太子。太史伯阳哀叹预言说：“灾祸已经形成，周将要亡国，没有任何办法！”

【出处】

昔自夏后氏之衰也，有二神龙止于夏帝庭而言曰：“余，褒之二君。”夏帝卜杀之与去之与止之，莫吉。卜请其漦而藏之，乃吉。于是布币而策告之，龙亡而漦在，椟而去之。夏亡，传此器殷。殷亡，又传此器周。比三代，莫敢发之，至厉王之末，发而观之。漦流于庭，不可除。厉王使妇人裸而譟之。漦化为玄鼋，以入王后宫。后宫之童妾既龀而遭之，既笄而孕，无夫而生子，惧而弃之。宣王之时童女谣曰：“檿弧箕服，实亡周国。”于是宣王闻之，有夫妇卖是器者，宣王使执而戮之。逃于道，而见乡者后宫童妾所弃妖子出于路者，闻其夜啼，哀而收之，夫妇遂亡，犇于褒。褒人有罪，请入童妾所弃女子者于王以赎罪。弃女子出于褒，是为褒姒。当幽王三年，王之后宫见而爱之，生子伯服，竟废申后及太子，以褒姒为后，伯服为太子。太史伯阳曰：“祸成矣，无可奈何！”（《史记·周本纪》）

褒姒之笑

褒姒是典型的冷美人。幽王想尽一切办法逗她发笑，不惜耗费千金。周建都于酆、镐，靠近戎人。和诸侯约定，在大路上修筑高大的土堡，上面设置大鼓，使远近都能听到鼓声。如果戎兵入侵，就由近及远击鼓传告，诸侯的军队就赶来援救天子。一次戎兵入侵，周幽王令人击鼓，诸侯军队如约而至，褒姒看了非常高兴，终于露出了笑脸。幽王为了博得褒姒的欢心，于是屡屡击鼓，诸侯的军队多次赶到，却不见敌兵。后来戎兵真的来了，幽王再令击鼓，诸侯各国以为又是幽王逗褒姒开心，未予理会。于是幽王被戎人杀死在骊山之下，为天下人耻笑。

【出处】

周宅酆、镐，近戎人。与诸侯约：为高葆祷于王路，置鼓其上，远近相闻。即戎寇至，传鼓相告，诸侯之兵皆至，救天子。戎寇当至，幽王击鼓，诸侯之兵皆至，褒姒大说，喜之。幽王欲褒姒之笑也，因数击鼓，诸侯之兵数至而无寇。至于后戎寇真至，幽王击鼓，诸侯兵不至，幽王之身乃死于丽山之下，为天下笑。（《吕氏春秋·慎行论·疑似》）

王不礼焉

郑庄公去周都，第一次朝拜周桓王。周桓王对他不怎么礼貌。周公对周桓王说："我们周室东迁，依靠的是晋国和郑国。友好地对待郑国，用以激励后来的人，还恐怕人家不来，何况不以礼相待呢？郑国不会来了。"

【出处】

郑伯如周，始朝桓王也。王不礼焉。周桓公言于王曰："我周之东迁，晋、郑焉依。善郑以劝来者，犹惧不蔇，况不礼焉？郑不来矣！"（《左传·隐公六年》）

动乱之本

周公黑肩准备杀死周庄王改立王子克。辛伯报告庄王，帮着庄王杀死了周公黑肩。王子克逃亡到燕国。当初，子仪受到桓王的宠信，桓王把他嘱托给周公。辛伯曾经劝谏周公说："妾媵并同于王后，庶子等同于嫡子，权臣和卿士互争权力，大城和国都一样，这些都是动乱之源。"周公不听，终于招致杀身之祸。

【出处】

周公欲弑庄王而立王子克。辛伯告王，遂与王杀周公黑肩。王子克奔燕。初，子仪有宠于桓王，桓王属诸周公。辛伯谏曰："并后、匹嫡、两政、耦国，乱之本也。"周公弗从，故及。（《左传·桓公十八年》）

动乱之本

神降于莘

鲁庄公三十二年七月，有神明在莘地下降。周惠王问内史过说：“这是什么意思？”内史过回答说：“国势将兴的时候，神明下降来观察它的德行；国家将亡的时候，神明下降以观察它的邪恶。所以，有的得到神明而兴起，有的得到神明而灭亡。虞、夏、商、周都有过类似情形。”周惠王说：“该怎么办呢？”内史过回答说：“用相应的物品来祭祀。他来到的日子，按规定这个日子该祭祀什么，就是他的祭品。”周惠王听从了。

【出处】

秋七月，有神降于莘。惠王问诸内史过曰：“是何故也？”对曰：“国之将兴，明神降之，监其德也；将亡，神又降之，观其恶也。故有得神以兴，亦有以亡，虞、夏、商、周皆有之。”王曰：“若之何？”对曰：“以其物享焉，其至之日，亦其物也。”王从之。（《左传·庄公三十二年》）

莫如兄弟

周、郑有隙。周襄王准备率领狄人进攻郑国，富辰劝谏说：“不行。下臣听说，天子用德行来安抚百姓，其次是亲近亲属，由近及远。从前周公叹息管叔、蔡叔不得善终，所以把土地分封给亲属作为周朝的屏障。召穆公忧虑周德衰微，所以集合宗族在成周作《诗》说：‘小叶杨的花儿，花朵是那样漂亮艳丽，现在的人们，总不能亲近得像兄弟。’《诗》的第四章说：‘兄弟们在墙内争吵，一到墙外就共同对敌。’所以兄弟之间虽然小有不和，却不能因此断绝亲戚关系。现在您不忍小怨而想抛弃郑国，又能把它怎么样呢？郑国有过辅助平王、惠王的功劳，又有厉王、宣王的亲属关系。现在周室的德行衰败，如果改变周公、召公的措施，统率邪恶势力讨伐兄弟之国，恐怕不可以吧！又怎么对得起已故的文王、武王呢？”周襄王不听，派遣颓叔、桃子统率狄军进攻郑国，占领了栎地。取得胜利后又不听富辰的劝谏，迎娶翟女为妻。后来又废黜翟女，招致翟人讨伐，杀死谭伯。富辰说：“我屡次劝谏大王不听，如果碰上这种情况还不出战，大王一定以为我心有怨恨吧。”于是率领族人出战而殉难。

【出处】

王怒，将以狄伐郑。富辰谏曰：“不可。臣闻之，大上以德抚民，其次亲亲以相及也。昔周公吊二叔之不咸，故封建亲戚以蕃屏周。管蔡郕霍，鲁卫毛聃，郜雍曹滕，毕原酆郇，文之昭也。邘晋应韩，武之穆也。凡蒋刑茅胙祭，周公之胤也。召穆公思周德之不类，故纠合宗族于成周而作《诗》，曰：‘常棣之华，鄂不韡韡，凡今之人，莫如兄弟。’其四章曰：‘兄弟阋于墙，外御其侮。’① 如是，则兄弟虽有小忿，不废懿亲。今天子不忍小忿以弃郑亲，其若之何？”王弗听，使颓叔、桃子出狄师。夏，狄伐郑，取栎。王德狄人，将以其女为后。富辰谏曰：“不可。”王又弗听。(《左传·僖公二十四年》《史记·周本纪》《国语·周语中》)

轻而无礼

鲁僖公三十三年春季，秦国军队经过成周王城的北门，战车上除御者以外，车左、车右都脱去头盔下车致敬，随即跳上车的有三百辆战车的将士。王孙满年纪还小，看到秦军的状态，向周襄王评论说：“秦国军队不庄重又没有礼貌，一定会失败。不庄重就缺少计谋，没礼貌就不严肃。进入险地而满不在乎，又缺乏计谋，能不打败仗吗？”后来秦军在归途中被晋人在崤山打败，三员大将白乙丙、西乞术、孟明视被俘。

【出处】

三十三年春，秦师过周北门，左右免胄而下。超乘者三百乘。王孙满尚幼，观之，言于王曰：“秦师轻而无礼，必败。轻则寡谋，无礼则脱。入险而脱。又不能谋，能无败乎？”(《左传·僖公三十三年》)

不有大咎

周定王派单襄公出使宋国，而后借道陈国访问楚国。已是清晨能见到大火星的季节了，道路上杂草丛生无法通行，负责接待宾客的官员不在边境迎候，司空不巡视道路，湖泽不修筑堤坝，河流不架设桥梁，野外堆放着谷物，谷场却不

① “常棣之华，鄂不韡韡，凡今之人，莫如兄弟”，“兄弟阋于墙，外御其侮”，出自《诗经·小雅·常棣》。

加修整，道路两旁没种植树木，田里的庄稼稀稀拉拉，膳夫不供应食物，里宰不安排住处，都邑内没有客房，郊县里没有旅舍，百姓们都忙着为夏氏修筑台观。到了陈国都城，得知灵公与大臣孔宁、仪行父穿戴着楚地流行的服饰到夏氏家玩乐，丢下客人不会见。单襄公回朝后告诉周定王说："陈侯如果不遭遇凶灾，国家也一定灭亡。对待先王的教诲，即使认真遵行还恐怕有所差错。像这样荒废先王的遗教、抛弃先王的法度、蔑视先王的分职、违背先王的政令，那凭什么来保守国家呢？地处大国之间而不仰仗先王的遗教、法度、分职和政令，怎么能维持长久呢？"周定王六年，单襄公到达楚国。定王八年，陈灵公被夏征舒杀害。定王九年，楚庄王攻入陈国。

【出处】

定王使单襄公聘于宋。遂假道于陈，以聘于楚。火朝觌矣，道茀不可行，候不在疆，司空不视涂，泽不陂，川不梁，野有庾积，场功未毕，道无列树，垦田若艺，膳宰不致饩，司里不授馆，国无寄寓，县无施舍，民将筑台于夏氏。及陈，陈灵公与孔宁、仪行父南冠以如夏氏，留宾不见。单子归，告王曰："陈侯不有大咎，国必亡。""昔先王之教，懋帅其德也，犹恐殒越。若废其教而弃其制，蔑其官而犯其令，将何以守国？居大国之间，而无此四者，其能久乎？"六年，单子如楚。八年，陈侯杀于夏氏。九年，楚子入陈。(《国语·周语中》)

俭以足用

周定王八年，定公派刘康公出使鲁国，向鲁国的大夫分送礼物。季文子、孟献子生活俭朴，叔孙宣子、东门子家却很奢侈，回来后，定王询问鲁国的大夫谁最贤德，刘康公回答说："季孙、仲孙可以在鲁国长期执政，叔孙、东门则有可能败亡。即使家族不亡，本人也很难免祸。"定王说："为什么呢？"刘康公回答说："我听说，为臣必须遵行臣道，为君必须恪守君道。宽厚、严整、公正、仁爱是君道；忠敬、谨慎、谦恭、俭朴是臣道。现在季孙、仲孙生活俭朴，他们的财用充足，因而家族能得到保护；叔孙、东门奢侈，奢侈就不会体恤贫困，贫困者得不到体恤，忧患必然降临，从而危及自身。况且作为人臣而奢侈，增加国家的负担，这不是在走向败亡吗？"定王问："他们能维持多久呢？"刘康公回答说："东门子家的地位不如叔孙宣子但比叔孙宣子奢侈，所以不可能连续两朝享有俸禄；叔孙宣子的地位不如季孙、仲孙，却比他们奢侈，因此很难连续三朝享有俸禄。如果他们死得早倒还罢了，假若寿命较长而多干坏事，一定会败亡。"

周定王十六年，鲁宣公去世。告丧的使者还没有抵达王都，东门子家的人已来报告发生变乱，东门子家逃往齐国。周简王十一年，叔孙宣子也逃奔齐国，正好是鲁成公去世的前二年。

【出处】

定王八年，使刘康公聘于鲁，发币于大夫。季文子、孟献子皆俭，叔孙宣子、东门子家皆侈。归，王问鲁大夫孰贤？对曰："季、孟其长处鲁乎？叔孙、东门其亡乎！若家不亡，身必不免。"王曰："何故？"对曰："臣闻之：为臣必臣，为君必君。宽肃宣惠，君也；敬恪恭俭，臣也。宽所以保本也，肃所以济时也，宣所以教施也，惠所以和民也。本有保则必固，时动而济则无败功，教施而宣则遍，惠以和民则阜。若本固而功成，施遍而民阜，乃可以长保民矣，其何事不彻？敬所以承命也，恪所以守业也，恭所以给事也，俭所以足用也。以敬承命则不违，以恪守业则不懈，以恭给事则宽于死，以俭足用则远于忧。若承命不违，守业不懈，宽于死而远于忧，则可以上下无隙矣，其何任不堪，上任事而彻，下能堪其任，所以为令闻长世也。今夫二子者俭，其能足用矣，用足则族可以庇。二子者侈，侈则不恤匮，匮而不恤，忧必及之，若是则必广其身。且夫人臣而侈，国家弗堪，亡之道也。"王曰："几何？"对曰："东门之位不若叔孙，而泰侈焉，不可以事二君。叔孙之位不若季、孟，而亦泰侈焉，不可以事三君。若皆蚤世犹可，若登年以载其毒，必亡。"十六年，鲁宣公卒。赴者未及，东门氏来告乱，子家奔齐。简王十一年，鲁叔孙宣伯亦奔齐，成公未殁二年。(《国语·周语中》)

王其勿赐

周简王八年，鲁成公将要朝见周王，派叔孙宣子打前站向简王报告消息。王孙说与叔孙宣子见面交谈后，向简王汇报说："鲁国的叔孙宣子此次前来，肯定另有企图。他进献的聘礼菲薄，言辞却充满阿谀奉承，我估计他是自告奋勇来的，想得到天子的赏赐。鲁国的当政者畏惧他的强横，所以成公尽管不乐意也只得答应。他的相貌上宽下尖，很容易触犯他人。陛下不要赏赐他。贪婪强横的人来朝见却得到赏赐，就不是鼓励善行，并且财物也满足不了他的欲望。"简王说："好吧！"便派人私下向鲁国打听，果然是叔孙宣子主动提出朝见的。简王便不给他赏赐，如同一般使节接待他。到了鲁成公来朝时，由季文子陪同，王孙说与季文子交谈，觉得他为人非常谦和。王孙说告诉简王，简王厚赏了季文子。

【出处】

简王八年,鲁成公来朝,使叔孙侨如先聘且告。见王孙说,与之语。说言于王曰:“鲁叔孙之来也,必有异焉。其享觐之币薄而言谄,殆请之也,若请之,必欲赐也。鲁执政唯强,故不欢焉而后遣之,且其状方上而锐下,宜触冒人。王其勿赐。若贪陵之人来而盈其愿,是不赏善也,且财不给。故圣人之施舍也议之,其喜怒取与亦议之。是以不主宽惠,亦不主猛毅,主德义而已。”王曰:“诺。”使私问诸鲁,请之也。王遂不赐,礼如行人。及鲁侯至,仲孙蔑为介,王孙说与之语,说让。说以语王,王厚贿之。(《国语·周语中》)

晋人执杀

苌弘以法术效力于周灵王。诸侯不肯朝见周王,周朝微弱,无力治罪,就让苌弘设置射狸首的仪式,以狸首代表那些不来朝见的诸侯,想凭借神怪的力量逼迫诸侯来朝。诸侯不从,晋人捕获并杀死了苌弘。周朝人谈法术神怪就是从苌弘开始的。

【出处】

是时苌弘以方事周灵王,诸侯莫朝周,周力少,苌弘乃明鬼神事,设射貍首。貍首者,诸侯之不来者。依物怪欲以致诸侯。诸侯不从,而晋人执杀苌弘。周人之言方怪者自苌弘。(《史记·封禅书》)

心在他矣

周灵王的弟弟儋季死了,儋季的儿子括拜见灵王时声有叹息。单国的公子愆期担任灵王的侍卫,经过朝廷,听到括的叹气就说:“括一定有篡位的野心!”进去把情况报告灵王,并且说:“一定要杀死他!父亲死了,他面无悲哀而有所期盼,目光四处张望,趾高气扬,心有旁骛。不杀后患无穷。”灵王不以为然的说:“括一个小孩子知道什么?”灵王去世后,儋括想立王子佞夫,包围芳地,把成愆撵到了平畤。

【出处】

初，王儋季卒，其子括将见王，而叹。单公子愆期为灵王御士，过诸廷，闻其叹而言曰："乌乎！必有此夫！"入以告王，且曰："必杀之！不戚而愿大，视躁而足高，心在他矣。不杀，必害。"王曰："童子何知？"及灵王崩，儋括欲立王子佞夫，佞夫弗知。戊子，儋括围芳，逐成愆。成愆奔平畤。五月癸巳，尹言多、刘毅、单蔑、甘过、巩成杀佞夫。括、瑕、廖奔晋。书曰"天王杀其弟佞夫"。罪在王也。(《左传·襄公三十年》)

朝不谋夕

周景王派刘定公在颍地慰劳赵孟，住在洛水边的馆舍里。刘定公说："禹帝的功绩多么伟大，美德多么深远啊。如果没有禹帝，我们恐怕早就喂了鱼吧！今天我和您能穿戴礼帽礼服，治理百姓、面对诸侯，都是仰赖禹帝的力量啊。您何不继承禹帝的遗志，多做些有利于后世子孙的事呢？"赵孟回答说："我老头子如履薄冰，顾及眼前已经勉为其难，哪还有精力考虑长远啊？我们这些人苟且度日，早晨不想晚上的事，哪里会作长远打算呢？"刘子回去后告诉周景王说："俗话说，人老了会变聪明，但糊涂也随之而来了，这说的就是赵孟吧！身为晋国的正卿，主政诸侯，却把自己等同于贱民，早晨不想晚上的事，等于是放弃神灵和百姓。神灵发怒，百姓背叛，政权哪里还能保持长久？赵孟恐怕活不过今年了。神灵发怒，不享用他的祭祀；百姓背叛，不肯替他做事；祭祀和国事不能料理，又怎么熬得过今年呢？"

【出处】

天王使刘定公劳赵孟于颍，馆于洛汭。刘子曰："美哉禹功，明德远矣！微禹，吾其鱼乎！吾与子弁冕端委，以治民临诸侯，禹之力也。子盍亦远绩禹功，而大庇民乎？"对曰："老夫罪戾是惧，焉能恤远？吾侪偷食，朝不谋夕，何其长也？"刘子归，以语王曰："谚所为老将知而耄及之者，其赵孟之谓乎！为晋正卿，以主诸侯，而侪于隶人，朝不谋夕，弃神人矣。神怒民叛，何以能久？赵孟不复年矣。神怒，不歆其祀；民叛，不即其事。祀事不从，又何以年？"(《左传·昭公元年》)

省风作乐

鲁昭公二十一年春季，周景王准备铸造无射大钟。泠州鸠说：“天子大概会死于心病吧！天子主持音乐。声音是音乐的载体，钟是发音的器物。天子考察风俗因以制作乐曲，用乐器来汇聚它，用声音来表达它，小的乐器发音不纤细，大的乐器发音不洪亮，从而使得万物和谐。万物和谐，美妙的音乐才能完成。和谐的声音听起来赏心悦耳，带给人心的快乐。纤细就不能传达四方，洪亮就令人无法忍受，内心因此烦躁不安，不安就会生病。现在钟声粗放，天子的内心肯定不会安宁，又怎么能长久呢？”第二年，景王果然死于心病。

【出处】

二十一年春，天王将铸无射。泠州鸠曰：“王其以心疾死乎？夫乐，天子之职也。夫音，乐之舆也。而钟，音之器也。天子省风以作乐，器以钟之，舆以行之。小者不窕，大者不槬，则和于物，物和则嘉成。故和声入于耳而藏于心，心亿则乐。窕则不咸，总则不容，心是以感，感实生疾。今钟槬矣，王心弗堪，其能久乎？”（《左传·昭公二十一年》）

母子相权

周景王二十一年，朝廷准备铸大钱。单穆公说：“不能啊。古时候遭遇天灾，朝廷才计量财货，权衡钱币的轻重，以赈济百姓。如果百姓嫌钱轻物重，朝廷就铸造发行大钱，以大钱辅佐小钱流通；如果百姓嫌钱重物轻，就多铸小钱投入流通，同时不废止大钱，以小钱辅佐大钱流通。这样小钱、大钱的流通都没有弊端。如今陛下废除小钱改铸大钱，百姓手上的小钱就成了无用之物。如果老百姓手头拮据，陛下的财用也会困乏，如果反过来苛剥百姓，百姓就会不堪重负，从而萌生逃亡之心。这不等于在驱赶百姓吗？国家的防灾、救灾措施不能互相替代。可以提前预防而不先做准备是懈怠；把应急的措施提前使用是招灾。周朝已经是弱国了，上天连续降灾，陛下又驱赶百姓助长灾难，这不是火上浇油吗？《夏书》中说：‘赋税均平，王室的库藏才会充盈。’《诗经》里也说：‘看那旱山的脚下，长满了茂盛的林果；平和欢愉的君子，欢愉平和地收获。’如果山林匮竭，湖泊干涸，民力凋敝，农田荒芜，财用匮乏，君子整天为国家的安危担忧，哪还有安详欢愉可言呢？用搜刮民众的财产来充实王室，如同堵塞河流的源头来蓄积水池，很快就会断绝源头。如果百姓离散而财用匮乏，灾害降临又无所防备，陛下该怎样办呢？对于预防灾害，我们周室的官员已经漏洞百出了，现在又要侵夺民众的资财来助长灾祸，这是抛弃善政而置民众于死地啊。君王请仔细斟酌！”周景王不听劝阻，仍然铸造大钱。

【出处】

景王二十一年，将铸大钱。单穆公曰："不可。古者，天灾降戾，于是乎量资币，权轻重，以振救民，民患轻，则为作重币以行之，于是乎有母权子而行，民皆得焉。若不堪重，则多作轻而行之，亦不废重，于是乎有子权母而行，小大利之。今王废轻而作重，民失其资，能无匮乎？若匮，王用将有所乏，乏则将厚取于民。民不给，将有远志，是离民也。且夫备有未至而设之，有至后救之，是不相入也，可先而不备，谓之怠；可后而先之，谓之召灾。周固羸国也，天未厌祸焉，而又离民以佐灾，无乃不可乎？将民之与处而离之，将灾是备御而召之，则何以经国？国无经，何以出令？令之不从，上之患也，故圣人树德于民以除之。《夏书》有之曰：'关石和钧，王府则有。'[①]《诗》亦有之曰：'瞻彼旱麓，榛楛济济。恺悌君子，干禄恺悌。'[②]夫旱麓之榛楛殖，故君子得以易乐干禄焉。若夫山林匮竭，林麓散亡，薮泽肆既，民力凋尽，田畴荒芜，资用乏匮，君子将险哀之不暇，而何易乐之有焉？且绝民用以实王府，犹塞川原而为潢污也，其竭也无日矣。若民离而财匮，灾至而备亡，王其若之何？吾周官之于灾备也，其所怠弃者多矣，而又夺之资，以益其灾，是去其藏而翳其人也。王其图之！"王弗听，卒铸大钱。（《国语·周语下》）

众心成城

周景王二十三年，景王为铸造无射乐钟，打算先铸造有林大钟做试验。单穆公极力劝阻，景王不听，去问乐官伶州鸠。伶州鸠回答说："有和谐均平的音声，便有繁衍增殖的财物。于是表达它的诗句符合道德，咏唱它的歌声符合音律，道德和音律都没有差池，用来沟通神人，神灵因此而安宁，百姓因此而顺从。如果耗费财物、疲惫民众来放纵个人的淫欲之心，入耳之音既不和谐，所奏之乐又不合法度，不仅无益于教化，而且离散民众、激怒神灵，这就不是臣所得知的事了。"景王不听劝谏，终于铸造了大钟。景王二十四年，大钟铸成，乐

① "关石和钧，王府则有"，出自《夏书·五子之歌》。
② "瞻彼旱麓，榛楛济济。恺悌君子，干禄恺悌"，出自《诗经·大雅·旱麓》。

工报告说乐音和谐。景王指斥伶州鸩说："钟声不还是很和谐吗？"伶州鸠答道："陛下不明了其中的缘故。"景王说："为什么呢？"伶州鸠说："君王制作乐器，百姓非常高兴，这才是和谐。现在花费了财物而民众疲惫，无不怨恨，臣不认为这是和谐。百姓都喜好的事情，很少有不成功的；百姓都厌恶的事情，很少有不失败的。所以谚语说：'众心成城，众口铄金。'三年里面耗费钱财的事情做了两件，恐怕至少有一件是要失败的。"景王说："你老糊涂了，懂得什么？"二十五年，景王去世，大钟所奏的音声果然不和谐。

【出处】

二十三年，王将铸无射，而为之大林。单穆公曰："不可。……三年之中，而有离民之器二焉，国其危哉！"王弗听，问之伶州鸠[①]，对曰："夫有和平之声，则有蕃殖之财。于是乎道之以中德，咏之以中音，德音不愆，以合神人，神是以宁，民是以听。若夫匮财用，罢民力，以逞淫心，听之不和，比之不度，无益于教，而离民怒神，非臣之所闻也。"王不听，卒铸大钟。二十四年，钟成，伶人告和。王谓伶州鸠曰："钟果和矣。"对曰："未可知也。"王曰："何故？"对曰："上作器，民备乐之，则为和。今财亡民罢，莫不怨恨，臣不知其和也。且民所曹好，鲜其不济也。其所曹恶，鲜其不废也。故谚曰：'众心成城，众口铄金。'三年之中，而害金再兴焉，惧一之废也。"王曰："尔老耄矣！何知？"二十五年，王崩，钟不和。（《国语·周语下》）

自断其尾

周景王处死了下门子。宾孟来到城郊，看见公鸡啄断自己的尾羽，便问仆役说："这是怎么回事？"仆役回答说："是怕被捉去当祭品吧。"于是返回告诉景王说："臣看见公鸡啄断自己的尾羽，说是怕被捉去当牺牲品，臣认为这是牲畜的本性。把外人像牺牲那样尊宠确有祸患，但尊宠自己人有什么祸害呢？牲畜大概是讨厌为人所用吧。但人与牲畜不同。把人像牺牲那样尊宠，是要重用他啊。"景王没有回应。他率领大臣们到巩地田猎，准备乘机杀死单穆公，还没付诸行动，自己就先死了。

① 伶州鸠与泠州鸠，似应为同一人。

【出处】

景王既杀下门子。宾孟适郊，见雄鸡自断其尾，问之，侍者曰：“惮其牺也。”遽归告王，曰：“吾见雄鸡自断其尾，而人曰：‘惮其牺也’，吾以为信畜矣。人牺实难，己牺何害？抑其恶为人用也乎，则可也。人异于是。牺者，实用人也。”王弗应，田于巩，使公卿皆从，将杀单子，未克而崩。(《国语·周语下》)

玉则为石

鲁昭公二十四年冬季，王子朝将成周的宝珪沉入黄河向河神祈祷。不久，渡船的船工在河水中得到了这块宝珪。阴不佞带着温地人往南袭击王子朝，拘捕了从黄河中捞起宝玉的人，把宝玉夺过来。准备卖掉它的时候，玉竟然变成了一块石头。待王室安定以后，阴不佞把它奉献给周敬王，周敬王赐给他东訾之地。

【出处】

冬十月癸酉，王子朝用成周之宝珪于河。甲戌，津人得诸河上。阴不佞以温人南侵，拘得玉者，取其玉，将卖之，则为石。王定而献之，与之东訾。(《左传·昭公二十四年》)

尹固之复

鲁昭公二十九年二月，京城里发生动乱，召伯盈、尹氏固和原伯鲁的儿子被杀。尹氏固回去复位的时候，有个女人在郊外碰上他，斥责他说：“在国内就怂恿别人惹祸，逃亡出去没几天就回来了，这样的人能活过三年吗？”

【出处】

三月己卯，京师杀召伯盈、尹氏固及原伯鲁之子。尹固之复也，有妇人遇之周郊，尤之，曰：“处则劝人为祸，行则数日而反，是夫也，其过三岁乎？”(《左传·昭公二十九年》)

阳竖道周

严遂谋杀了韩相侠累，阳竖也参与谋划。事后阳竖逃亡，经过东周，东周君让他在东周住了 14 天，然后以车驾礼送出国。韩国派人责问东周君，东周君因此忧虑不安。有人对东周君说："您就直截了当、毫不隐讳地对韩国使臣说：'我本来知道阳竖参与了严遂谋杀事件，所以把他留了 14 天，等待贵国的指示。我们国小力弱，怎能违抗贵国、接纳凶犯呢？可是，久等贵国的使臣不来，只好把他放走了。'"

【出处】

严氏为贼，而阳竖与焉。道周，周君留之十四日，载以乘车驷马而遣之。韩使人让周，周君患之。客谓周君曰："正语之曰：'寡人知严氏之为贼，而阳竖与之，故留之十四日以待命也。小国不足亦以容贼，君之使又不至，是以遣之也。'"(《战国策·东周策》)

子咎争储

周慎靓王的太子死了，他有五个庶子，个个宠爱，尚未确定立谁为太子。楚相国司马翦对楚王说："大王为何不趁此机会多多资助公子咎，并请求周王立公子咎为太子呢？"大臣左成对司马翦说："如果周王不答应，这不仅使您难堪，而且也会影响楚、周两国的正常关系。倒不如对周王说：'您准备立谁为太子，事先可暗中打个招呼。我好让楚王多给他土地以支持他。'"公子咎想做太子，于是派人对楚相国的侍卫长展空说："君王想立咎为太子，他是个很有作为的人，久处于庶子的地位，如果不能立为太子，必怨相国，会对相国不利。"相国司马翦于是支持公子咎为太子。

【出处】

周共太子死，有五庶子，皆爱之，而无适立也。司马翦谓楚王曰："何不封公子咎，而为之请太子？"左成谓司马翦曰："周君不听，是公之知困而交绝于周也。不如谓周君曰：'孰欲立也？微告翦，翦今楚王资之以地。'公若欲为太子，因令人谓相国御展子、啬夫空曰：'王类欲令若为之，此健士也，居中不便于相国。'"

相国令之为太子。(《战国策·东周策》)

卫疾实囚

秦国派左丞相樗里疾率领一百乘车辆的庞大使团出使西周，西周君派仪仗队迎接，场面极为隆重恭敬，楚王很生气，责备西周君偏厚秦国使者。周臣游腾向楚王解释说：“从前晋卿智伯要攻打仇由国，便用大车载上大钟送给仇由国，大车后面跟随着大队兵马，仇由事先没有任何准备，措手不及，因此亡国。从前齐桓公扬言攻打楚国，中途却突然袭击蔡国，也是乘其不备。秦国是如狼似虎的国家，贪得无厌，又有独吞西周之意。如今派樗里疾以战车百辆侵入周地，西周的国君非常害怕，以蔡国和仇由国为前车之鉴，高度戒备，所以安排戈予在前，强弩在后，名义上是保卫樗里疾，实际上是限制他，以防万一之变，西周君哪能不爱国呢？他很担心一旦亡国，既加强了秦国，楚国也失去屏障，他是在为大王担忧啊。”楚王听了，这才转怒为喜。

【出处】

秦令樗里疾以车百乘入周，周君迎之以卒，甚敬。楚王怒，让周，以其重秦客。游腾谓楚王曰：“昔智伯欲伐厹由，遗之大钟，载以广车，因随入以兵，厹由卒亡，无备故也。桓公伐蔡也，号言伐楚，其实袭蔡。今秦者，虎狼之国也，兼有吞周之意；使樗里疾以车百乘入周，周君惧焉，以蔡、厹由戒之，故使长兵在前，强弩在后，名曰卫疾，而实囚之也。周君岂能无爱国哉？恐一日之亡国，而忧大王。”楚王乃悦。(《战国策·西周策》)

属怒于周

楚军开至山南，楚将吾得为了楚王想向西周挑衅，让周君与楚王结怨。有人对周君说：“您不如派太子与军中将领到边境去迎接吾得，您再亲自到郊外欢迎，让诸侯都知道君王尊重吾得。同时让楚国人也知道这个消息，并且扬言说：‘周君已把某某东西赠送给吾得了。’这样，楚王必定会向吾得索取。吾得拿不出来，楚王就会归罪于吾得。”

【出处】

楚兵在山南，吾得将为楚王属怒于周。或谓周君曰：“不如令太子将军整迎吾得于境，而君自郊迎，令天下皆知君之重吾得也。因泄之楚，曰：‘周君所以事吾得者器，必名曰谋楚。’王必求之，而吾得无效也，王必罪之。”（《战国策·西周策》）

四国弗恶

楚国请求借道东、西二周进攻韩、魏，国君深以为忧。苏秦对周君说：“您为楚国开辟道路，一直修到黄河岸边，靠近韩、魏。韩、魏两国一定会感到害怕。齐、秦两国担心楚国劫取九鼎，就会出兵救援韩、魏而攻打楚国，楚国如果守不住北边的国土，又怎么能通过东、西二周去进攻韩、魏呢？如果韩、魏、齐、秦四国并不以此为忧，君王即使不愿借道，楚国也会自行通过啊。”

【出处】

楚请道于二周之间，以临韩、魏，周君患之。苏秦谓周君曰：“除道属之于河，韩、魏必恶之。齐、秦恐楚之取九鼎也，必救韩、魏而攻楚。楚不能守方城之外，安能道二周之间。若四国弗恶，君虽不欲与也，楚必将自取之矣。”（《战国策·西周策》）

必无独知

司寇布为周最对周君说：“您让人告诉齐王说周最不肯做太子，我个人认为这种做法不可取。函冶氏为齐太公买了一把宝剑，太公不识货，退回剑要回了钱。越地有人以千金求购这把剑，函冶氏嫌折本不肯成交。函冶氏临死前告诫儿子说：‘好东西不能只有自己知道。’大王想立周最为太子，这是您心里的想法，可天下人未必相信。我担心齐王会以为您想立果为太子，故意让周最表示谦让来欺骗齐国。这样一来，您和周最就弄巧成拙了。您为什么不买众所周知的好货呢？您对周最倾注的感情最深，应该让天下人知道啊。”

【出处】

司寇布为周最谓周君，曰:“君使告齐王以周最不肯为太子也，臣为君不取也。函冶氏为齐太公买良剑，公不知善，归其剑而责之金。越人请买之千金，责而不卖。将死而属其子曰：‘必无独知。’今君之使最为太子，独知之契也，天下未有信之者也。臣恐齐王之为君实立果而让之于最，以嫁之齐也。君为多巧，最为多诈，君何不买信货哉？奉养无有爱于最也，使天下见之。”(《战国策·西周策》)

周君难往

秦国邀请西周君，西周君不肯前往。有人为西周君对魏王说：“秦国邀请西君，其目的是想让西周进攻魏地南阳。君王为何不在黄河南岸举行军事演习？周君听说后，就可以借口魏国进攻西周而不去秦国了。西周君不去秦国，秦国就会担心西周断其后路而不敢渡过黄河来进攻南阳了。”

【出处】

秦召周君，周君难往。或为周君谓魏王曰：“秦召周君，将以使攻魏之南阳。王何不出于河南？周君闻之，将以为辞于秦而不往。周君不入秦，秦必不敢越河而攻南阳。”(《战国策·西周策》)

形不小利

秦国在伊阙打败魏将犀武以后，接着进攻西周。周赧王向魏国求援，魏王以上党情势紧急为借口回绝了赧王。返国途中，赧王看见魏国的梁囿，非常喜欢。赧王大臣綦毋恢对赧王说：“魏国的温囿并不比梁囿差，离周国很近，臣能为君王得到它。”于是綦毋恢返回拜见魏王。魏王说：“周君抱怨我吗?”綦毋恢回答说：“他怎能不抱怨呢？我认为君王将自取祸患。赧王毕竟是诸侯首领，西周又可以充当贵国防御秦国的屏障，贵国却不肯为西周防御秦国。如果西周转而讨好秦国，秦国联合西周进攻贵国的南阳，断绝连接上党的要道，韩、赵两国也不能支援魏国了。”魏王说：“那该怎么办呢?”綦毋恢说：“看赧王的样子不一定会讨好秦国，他很贪小利。如果君王答应派三万人去驻守西周边境，并以温囿相赠，这样赧王既可以向周国朝野有个交待，又满足了自己贪图温囿游乐的私欲，也肯定不会与秦国联合了。我听说温囿每年的收益是八十金，赧王得了温囿，每年可以给君王缴纳一百二十金。这样，上党既没有祸患，每月还可多得四十金呢。”魏王于是派孟卯献出温囿，同时答应派兵去西周戍边。

【出处】

犀武败于伊阙，周君之魏求救，魏王以上党之急辞之。周君反，见梁囿而乐之也。綦母恢谓周君曰：“温囿不下此，而又近。臣能为君取之。”反见魏王，王曰：“周君怨寡人乎？”对曰：“不怨。且谁怨王？臣为王有患也。周君，谋主也。而设以国为王捍秦，而王无之捍也。臣见其必以国事秦也，秦悉塞外之兵，与周之众，以攻南阳，而两上党绝矣。”魏王曰：“然则奈何？”綦母恢曰：“周君形不小利，事秦而好小利。今王许戍三万人与温囿，周君得以为辞于父兄百姓，而利温囿以为乐，必不合于秦。臣尝闻温囿之利，岁八十金，周君得温囿，其以事王者，岁百二十金，是上党每患而赢四十金。”魏王因使孟卯致温囿于周君而许之戍也。（《战国策·西周策》）

韩魏易地

韩、魏两国交换国土，西周感到对自己不利。周臣樊余为西周向楚王说：“西周一定会亡国。韩、魏两国交换国土，韩国获得两县，魏国失掉两县，两国之所以交换国土，是因为魏国所换得的土地囊括了东周、西周的全部国土。得失相比，多得二县不说，还得到传国之宝九鼎。如果魏国占领南阳、郑地、三川，包括东周、西周，那么楚国的北方必定危急；如果韩国兼有两个上党，那么赵国的羊肠险塞也很危险。”楚王深以为然，于是同赵国一道阻止韩、魏进行国土交换。

【出处】

韩魏易地，西周弗利。樊余谓楚王曰：“周必亡矣。韩、魏之易地，韩得二县，魏亡二县。所以为之者，尽包二周，多于二县，九鼎存焉。且魏有南阳、郑地、三川而包二周，则楚方城之外危；韩兼两上党以临赵，即赵羊肠以上危。故易成之日，楚、赵皆轻。”楚王恐，因赵以止易也。（《战国策·西周策》）

秦欲攻周

秦国想攻打西周，周最对秦王说："为君王的国家考虑，不能进攻西周。进攻西周并捞不到多少实惠，反而落得讨伐天子的恶名为诸侯唾弃。如果诸侯列国借讨伐天子的恶名唾弃秦国，就必然向东联合齐国。您的兵力因进攻西周受损，进一步又促使诸侯与齐国联合，那样一来，秦国就会处于孤立地位。这是诸侯想困顿秦国，才劝您进攻西周；秦国一旦被诸侯所困，就不能向他们发号施令、一统天下了。"

【出处】

秦欲攻周，周最谓秦王曰："为王之国计者，不攻周。攻周，实不足以利国，而声畏天下。天下以声畏秦，必东合于齐。兵弊于周，而合天下于齐，则秦孤而不王矣。是天下欲罢秦，故劝王攻周。秦与天下俱罢，则令不横行于周矣。"（《战国策·西周策》）

恃援国而轻劲敌

周臣宫他对周君说："宛国依赖秦国，因而对晋国放松了警惕，当秦国遭遇饥荒时，它就被晋国趁机灭掉了；郑国依赖魏国，因而对韩国放松了警惕，当魏国进攻蔡国时，它就被韩国趁机灭掉了；邾、莒两国被齐国灭掉，陈、蔡两国被楚国灭掉，都是由于仰赖别国援助、而对比邻的敌国放松警惕造成的。现在您依赖韩、魏两国而放松对秦国的警惕，后果不堪设想。您不如派周最暗中与赵国示好，以防备秦国，这样就有备无患了。"

【出处】

宫他谓周君曰："宛恃秦而轻晋，秦饥而宛亡。郑恃魏而轻韩，魏攻蔡而郑亡。邾、莒亡于齐，陈、蔡亡于楚。此皆恃援国而轻近敌也。今君恃韩、魏而轻秦，国恐伤矣。君不如使周最阴合于赵以备秦，则不毁。"（《战国策·西周策》）

恃援国而轻劲敌

设舍速东

魏、韩、齐三国联合攻打秦国，得胜凯旋。西周君担心魏军通过西周国境，有人为西周对魏王说："楚、宋两国感到秦国割地给魏、韩、齐三国对自己不利，准备袭击君王的粮仓、辎重以帮助秦国。"魏王听说后非常紧张，下令全军风餐露宿，兼程东归。

【出处】

三国攻秦反，西周恐魏之藉道也。为西周谓魏王曰："楚、宋不利秦之德三国也，彼且攻王之聚以利秦。"魏王惧，令军设舍速东。（《战国策·西周策》）

周足之秦

魏将犀武被秦军击败，西周派相国周足出使秦国。有人对周足说："您为何不对周君说：'我出使秦国，周、秦两国的关系肯定会恶化。君王大臣中与秦国关系很深的人如果想做相国，肯定会对秦国说我的坏话。这样，我就不便于出使秦国了。我愿意辞掉相国再出使秦国，君王可以任命说我坏话的人担任相国，这样就不会在周、秦关系上说坏话了。'国君很看重秦国，所以才派您出使秦国。让您出使又免掉您的相国，这是不重视秦国的表现，因此，您肯定不会被免去相位。您对周君说了这番话再出使秦国，如果与秦国的关系搞好了，这是您善于外交的结果；如果两国关系恶化，那个说您坏话想做相国的人，肯定会受到严惩。"

【出处】

犀武败，周使周足之秦。或谓周足曰："何不谓周君曰：'臣之秦，秦、周之交必恶。主君之臣，又秦重而欲相者，且恶臣于秦，而臣为不能使矣。臣愿免而行。君因相之，彼得相，不恶周于秦矣。'君重秦，故使相往，行而免，且轻秦也，公必不免。公言是而行，交善于秦，且公之成事也；交恶于秦，不善于公，且诛矣。"（《战国策·西周策》）

一仰西周

东周准备栽种稻子，西周不肯放水，东周为此苦恼不堪。苏子对东周君说："我去让西周放水好了。"于是去见西周君说："君王考虑错了，现在您不放水，正是富了东周。他们现在都种麦子，没有其他作物。君王如果要害他们，不如干脆给他们放水。一放水，他们就会改种稻子，等他们种上稻子之后，再断掉他们的水。那时东周将完全依赖西周，而听命于君王了。"西周君说："好。"于是开闸放水。苏子因此得到了两国的赠金。

【出处】

东周欲为稻，西周不下水，东周患之。苏子谓东周君曰："臣请使西周下水可乎？"乃往见西周之君曰："君之谋过矣！今不下水，所以富东周也。今其民皆种麦，无他种矣。君若欲害之，不若一为下水，以病其所种。下水，东周必复种稻，种稻而复夺之。若是，则东周之民可令一仰西周，而受命于君矣。"西周君曰："善。"遂下水。苏子亦得两国之金也。（《战国策·东周策》）

劲王之敌

楚国进攻韩国的雍氏，周君向秦、韩两国提供粮食。楚王对周室的行为非常愤怒，周君为此深以为忧。有人为周君对楚王说："凭楚王的威强而迁怒周君，周君非常害怕，如果他因此倒向秦、韩两国，那就等于加强了大王的敌手。大王不如尽快消除周君的顾虑。周君原来得罪过大王，现在又得到谅解，必然会更加殷勤地侍奉大王。"

【出处】

楚攻雍氏，周粻秦、韩，楚王怒周，周之君患之。为周谓楚王曰："以王之强而怒周，周恐，必以国合于所与粟之国，则是劲王之敌也。故王不如速解周恐，彼前得罪而后得解，必厚事王矣。"（《战国策·东周策》）

恐客伤己

东周相国吕仓引荐一位游客给周君，前相国工师藉恐怕这人会诽谤自己，于是找人对周君说："来客虽然是个辩智之士，但他有个致命的缺点，就是好诽谤他人。"

【出处】

周相吕仓见客于周君。前相工师藉恐客之伤己也，因令人谓周君曰："客者，辩士也，然而所以不可者，好毁人。"(《战国策·东周策》)

众庶成强

周文君以吕仓替代工师藉为相国，国人多有不满。周文君为此感到忧心。有人对周文君说："朝廷做事总会有人说三道四，忠臣把过错归于自己，把赞美归于君主。宋国的君主强占农时建筑游台，为此遭到百姓的非议，这是因为没有忠臣代他受过。子罕辞去相位改任司空，人民就非议子罕而赞美宋君。齐桓公在后宫开设了7个市场，妓院有七百名妓女，齐国人斥责他，于是管仲自毁形象，把家分置三处，每处都广设美女，为桓公掩饰过错。《春秋》中记载的臣子杀死君主的事件数以百计，这些臣子个个受到赞誉。由此看来，重臣享有盛名，并不是国家的幸事。所以古话说：'众庶成强，增积成山'啊！"周昭文君于是坚持以吕仓为相。

【出处】

周文君免士工师藉，相吕仓，国人不说也。君有闵闵之心。谓周文君曰："国必有诽誉，忠臣令诽在己，誉在上。宋君夺民时以为台，而民非之，无忠臣以掩盖之也。子罕释相为司空，民非子罕而善其君。齐桓公宫中七市，女闾七百，国人非之。管仲故为三归之家，以掩桓公，非自伤于民也？《春秋》记臣弑君者以百数，皆大臣见誉者也。故大臣得誉，非国家之美也。故'众庶成强，增积成山。'"周君遂不免。(《战国策·东周策》)

辩知之士

石行秦对秦国的大梁造说："您想让秦国称霸诸侯，就要广为搜罗两周的辩知之士，开展广泛的外交活动。"转头又对周君说："您处在大国的包围之中，最好多派辩知之士到秦国去，争取强秦，取得依靠。"

【出处】

石行秦谓大梁造曰："欲决霸王之名，不如备两周辩知之士。"谓周君曰："君不如令辩知之士，为君争于秦。"（《战国策·东周策》）

周之祭地

赵国侵占了东周的祭地，周君因此担忧，让大臣郑朝出主意。郑朝说："君王不必担忧，我保证用三十金再取回祭地。"郑朝将周君付给的三十金送给了赵国的太卜，把祭地的事拜托给他。不久，赵王生病了，让太卜占卜问疾。太卜占过卜后，责备说："这是周的祭地在作怪啊。"于是赵王令人把祭地归还给了东周。

【出处】

赵取周之祭地，周君患之，告于郑朝。郑朝曰："君勿患也，臣请以三十金复取之。"周君予之，郑朝献赵太卜，因告以祭地事。及王病，使卜之。太卜谴之曰："周之祭地为祟。"赵乃还之。（《战国策·东周策》）

施惠穷士

周人杜赫想让东周重用穷士景翠，就对东周君说："君王的国家很小，即便把全国的珍宝、珠玉都拿来侍奉诸侯，也不能解决问题。譬如张网捕鸟，把网放在没有鸟的地方，一天也捕不到一只鸟；把网放在鸟多的地方，又会把鸟吓跑。只有把网放在鸟不太多的地方，才能捕得到鸟。现在君王想网罗那些有名望的大佬，他们不屑于为您效劳；如果网罗那些无足轻重、发挥不了作用的小人物，只是白费钱财而已。君王应该网罗那些暂时处于困境，将来肯定会大有可为的能人志士，只有他们能助您实现愿望。”

【出处】

杜赫欲重景翠于周，谓周君曰：“君之国小，尽君子重宝珠玉以事诸侯，不可不察也。譬之如张罗者，张于无鸟之所，则终日无所得矣；张于多鸟处，则又骇鸟矣；必张于有鸟无鸟之际，然后能多得鸟矣。今君将施于大人，大人轻君；施于小人，小人无可以求，又费财焉。君必施于今之穷士，不必且为大人者，故能得欲矣。”（《战国策·东周策》）

事久且泄

昌他从西周逃到东周，把西周的情况全部泄露给东周。东周君非常高兴，西周君大为恼怒。大臣冯且对西周君说：“我能杀死昌他。”于是西周君给了冯且三十金。冯且派人带着三十金和一封密信去找昌他。信上说：“告诉昌他：事情能办成就尽力促成；办不成就立刻返回！时间长了一定会走漏风声，白白送死。”随后，冯且又派人假扮告密者，向东周边关透露消息说：“今晚有奸细要进入国境。”东周果然截获了送密信的人，东周君立即下令杀死了昌他。

【出处】

昌他亡西周，之东周，尽输西周之情于东周。东周大喜，西周大怒。冯且曰：“臣能杀之。”君予金三十斤。冯且使人操金与书，间遗昌他书曰：“告昌他，事可成，勉成之；不可成，亟亡来亡来。事久且泄，自令身死。”因使人告东周之侯曰：“今夕有奸人当入者矣。”侯得而献东周，东周立杀昌他。（《战国策·东周策》）

与东周恶

楚臣昭翦与东周关系不好。有人对昭翦说：“我给您出个妙计，怎么样？”昭翦问：“什么妙计？”回答说：“西周痛恨东周，总想使东周与楚国关系恶化。因此，西周一定会暗中派刺客刺杀您，却扬言这是东周干的，因为西周与楚王友好，楚王便不会怀疑西周。”昭翦说：“是啊！东周也可能暗害我，却嫁祸于西周。”于是立即缓和了与东周的关系。

【出处】

昭翦与东周恶，或谓昭翦曰："为公画阴计。"昭翦曰："何也？""西周甚憎东周，尝欲东周与楚恶，西周必令贼贼公，因宣言东周也，以西周之于王也。"昭翦曰："善。吾又恐东周之贼己而以轻西周恶之于楚。"遽和东周。（《战国策·东周策》）

谁刺我父

周武君派人到东周刺杀伶悝。伶悝仰面倒下，让他的儿子赶快装哭，边哭边说："这是谁刺杀了我的父亲啊？"行刺的人听到哭声，以为伶悝已经死了。周武君认为刺客的话不诚实，于是将他重重治罪。

【出处】

周武君使人刺伶悝于东周。伶悝僵，令其子速哭曰："以谁刺我父也？"刺者闻，以为死也。周以为不信，因厚罪之。（《吕氏春秋·开春论·贵卒》）

温人之周

温邑有个人来到周都，周人不肯接纳他。周人问他说："是客人吗？"温人回答说："是主人！"问周边的人，大家都不认识他，小吏因此把他关了起来。周君派人问他说："你不是周人，又自称不是客人，为什么？"温人回答说："我小时候读《诗》，诗中说：'普天之下，莫非王土；率土之滨，莫非王臣。'现在您是天子，我是天子的臣民。哪有身为臣子的，又是他的客人呢？所以我说是主人。"周君于是让人把他放了。

【出处】

温人之周，周不纳。问之曰："客耶？"对曰："主人也。"问其巷而不知也，吏因囚之。君使人问之曰："子非周人，而自谓非客何也？"对曰："臣少而诵《诗》，诗曰：'普天之下，莫非王土；率土之滨，莫非王臣。'[1]今周君天子，则我天子之臣，而又为客哉？故曰主人。"君乃使吏出之。（《战国策·东周策》）

---

① "普天之下，莫非王土；率土之滨，莫非王臣"，出自《诗经·小雅·北山》。

令索曲杖

周君下令寻找弯曲的手杖，官吏们找了几天没找到。周君私下派人再找，不到一天就找到了。周君批评官吏说："我就知道你们干事不力。弯曲的手杖很容易找，你们却找不到；我派人寻找，不到一天就找到了。你们怎么能算忠诚呢！"官吏们认为周君神明，从此小心翼翼忠于职守。

【出处】

周主下令索曲杖，吏求之数日不能得。周主私使人求之，不移日而得之。乃谓吏曰："吾知吏不事事也。曲杖甚易也，而吏不能得，我令人求之，不移日而得之，岂可谓忠哉！"吏乃皆悚惧其所，以君为神明。(《韩非子·内储说上七术第三十》)

分为两国

公子朝是周君的太子，他的弟弟公子根很受周君宠爱。周君死后，公子根发动叛乱，周于是分裂为两个小国。

【出处】

公子朝，周太子也，弟公子根甚有宠于君。君死，遂以东周叛，分为两国。(《韩非子·内储说下六微第三十一》)

万物之状

有个客人为周君画竹简，三年才完工。周君前去观看，和漆过的竹简一样。周君非常气愤。画竹简的人说；"筑一道十版高的墙，在墙上开一扇八尺见方的窗户，等到太阳照射进来的时候，再把竹简放在窗台上对着阳光观看。"周君照他的话做了，看见竹简上现出龙、蛇、飞禽、走兽、车马等，样样栩栩如生。周君非常高兴。画这个竹简虽然极不容易，然而它的用途和未画花纹、只用漆刷过的普通竹简完全一样。

【出处】

客有为周君画荚者，三年而成。君观之，与髹荚者同状。周君大怒。画荚者曰："筑十版之墙，凿八尺之牖，而以日始出时加之其上而观。"周君为之，望见其状，尽成龙蛇禽兽车马，万物之状备具。周君大悦。此荚之功非不微难也，然其用与素髹荚同。(《韩非子·外储说左上第三十二》)

患无由至

人有形体四肢，所以能支使它们，是由于它们能感知大脑的指挥。如果缺乏感知，形体四肢就会不听使唤。君臣关系也是这样，臣子对君主的号令不能无动于衷。不听使唤的臣子，还不如没有。圣明的君主能指挥本不属于自己的臣子，舜、禹、汤、武王都能做到这一点。先王设立高官，一定先立好规矩。立好规矩，再明确职分。职责明确了，大家的分工就非常清晰。尧舜是贤明的君主，他们挑选贤士为接班人，而不把帝位传给子孙。如今的君主，都想世代相袭保持君位，却不懂得选官的规矩。他们为人贪婪，见识短浅。五音之所以和鸣，是因为各自的乐律明确。宫、徵、商、羽、角各处其位，音阶准确，互不干扰。贤明的君主设立官职也是这样。百官各司其职，做好本职工作。以此侍奉君主，君主没有不安宁的；以此治理国家，国家没有不兴旺的；以此防备祸患，祸患就无从降临了。

【出处】

人之有形体四枝，其能使之也，为其感而必知也。感而不知，则形体四枝不使矣。人臣亦然。号令不感，则不得而使矣。有之而不使，不若无有。主也者，使非有者也，舜、禹、汤、武皆然。先王之立高官也，必使之方，方则分定，分定则下不相隐。尧舜，贤主也，皆以贤者为后，不肯与其子孙，犹若立官必使之方。今世之人主，皆欲世勿失矣，而与其子孙，立官不能使之方，以私欲乱之也，何哉？其所欲者之远，而所知者之近也。今五音之无不应也，其分审也。宫、徵、商、羽、角，各处其处，音皆调均，不可以相违，此所以无不受也。贤主之立官有似于此。百官各处其职、治其事以侍主，主无不安矣；以此治国，国无不利矣；以此备患，患无由至矣。(《吕氏春秋·季春纪·圜道》)

尊师为上

神农氏以悉诸为师，黄帝以大挠为师，帝颛顼以伯夷父为师，帝喾以伯招为师，帝尧以子州支父为师，帝舜以许由为师，禹以大成贽为师，汤以小臣伊尹为师，文王、武王以吕望、周公旦为师，齐桓公以管夷吾为师，晋文公以咎犯、随会为师，秦穆公以百里傒、公孙枝为师，楚庄王以孙叔敖、沈尹巫为师，吴王阖闾以伍子胥、文之仪为师，越王勾践以范蠡、文种为师。这十位圣人、六位贤者没有哪一个不尊重老师的。如今的人，地位不如帝王尊贵，才智不到圣明的境界，却轻视尊师的教诲，又怎么可能有大的作为呢？这正是五帝的王业弃绝、三代难以再现的原因啊。

【出处】

神农师悉诸，黄帝师大挠，帝颛顼师伯夷父，帝喾师伯招，帝尧师子州支父，帝舜师许由，禹师大成贽，汤师小臣，文王、武王师吕望、周公旦，齐桓公师管夷吾，晋文公师咎犯、随会，秦穆公师百里傒、公孙枝，楚庄王师孙叔敖、沈尹巫，吴王阖闾师伍子胥、文之仪，越王句践师范蠡、大夫种。此十圣人六贤者，未有不尊师者也。今尊不至于帝，智不至于圣，而欲无尊师，奚由至哉？此五帝之所以绝，三代之所以灭。（《吕氏春秋·孟夏纪·尊师》）

兵者之论

世人有一种言论说：“驱使街市上的人去作战，可以战胜俸禄丰厚、训练有素的士兵；依靠老弱疲惫的百姓，可以战胜体格强壮、勇敢善战的武士；凭借散漫无纪的流浪汉和囚徒，可以战胜队列整齐的军队；依靠锄头木棒，可以战胜手持长矛利刃的敌人。”说这种话，根本就是不懂用兵之道。给你一把利剑，如果剑术不精，刺不中敌人，击不着目标，这同手持劣剑没什么区别，但并不意味着在搏斗时就可以使用劣剑；统帅训练有素、装备精良的部队，如果出击不合时机，指挥不当，这同统帅训练无素、装备低劣的军队没什么区别，但并不意味着打仗时就可以统帅劣等军队。即便是王子庆忌、陈年那样的勇士，尚且还希望宝剑锋利，更何况一般人呢？训练有素、装备精良的部队，让卓有才干的将领统帅它，古代有借此成就王业的，有借此成就霸业的，商汤、周武王、齐桓公、晋文公、吴王阖庐就是例子。

【出处】

世有言曰："驱市人而战之，可以胜人之厚禄教卒；老弱罢民，可以胜人之精士练材；离散系系，可以胜人之行陈整齐；锄櫌白梃，可以胜人之长铫利兵。"此不通乎兵者之论。今有利剑于此，以刺则不中，以击则不及，与恶剑无择，为是斗因用恶剑则不可。简选精良，兵械铦利，发之则不时，纵之则不当，与恶卒无择，为是战因用恶卒则不可。王子庆忌、陈年犹欲剑之利也。简选精良，兵械铦利，令能将将之，古者有以王者、有以霸者矣，汤、武、齐桓、晋文、吴阖庐是矣。(《吕氏春秋·仲秋纪·简选》)

贤主知士

生命重于天下，而士却甘愿为他人献身。为他人献身难能可贵，如果不是相知相敬，士又怎么肯甘愿献身呢？贤明的君主都懂得尊敬士，以士为知己，这样士才能尽心竭力，直言相谏，而不计较个人得失。豫让、公孙弘甘愿为智伯、孟尝君献身，是因为被引为知己。世上的君主得到方圆百里土地就满心欢喜，四境之内都来庆贺，而得到贤士却无动于衷，不知道应该庆贺：这完全是不知轻重啊。当初商汤、周武王只不过是拥有兵车千辆的诸侯，然而天下的士子都归附他们；夏桀、殷纣贵为天子，士却远离他们。孔子和墨子只不过是身穿布衣的士子，拥有万乘、千乘之国的君主却无法与他们争夺士。由此来看，尊贵富有并不足以吸引士子，君主一定要真心对待士，引为知己。

【出处】

天下轻于身，而士以身为人。以身为人者，如此其重也，而人不知，以奚道相得？贤主必自知士，故士尽力竭智，直言交争，而不辞其患。豫让、公孙弘是矣。当是时也，智伯、孟尝君知之矣。世之人主，得地百里则喜，四境皆贺；得士则不喜，不知相贺：不通乎轻重也。汤、武，千乘也，而士皆归之；桀、纣，天子也，而士皆去之。孔、墨，布衣之士也，万乘之主，千乘之君，不能与之争士也。自此观之，尊贵富大不足以来士矣，必自知之然后可。(《吕氏春秋·季冬纪·不侵》)

形影不离

圣人做事，看似迟缓，实际却很迅疾，关键是等待时机。王季历为国事操劳而死，周文王内心悲痛，时刻不忘被囚拘羑里的耻辱；他之所以迟迟不肯讨伐帝纣，是因为时机尚未成熟。武王臣事商纣，丝毫不敢懈怠，虽然时刻不忘父王在玉门被商纣辱骂的耻辱，但也要等到继位十二年之后，才在甲子日打败殷军。时机得之不易。太公望是东夷人，他想一展抱负，却一时遇不上明主。听说文王贤明，于是到渭水边钓鱼，借以观察文王的品德。时机是机缘巧合。有商汤、武王的贤德，而没有桀、纣的无道，商汤、武王也不能成就王业；有桀、纣的无道，而无商汤、武王的贤德，也不能成就王业。在圣人看来，人事与时机的关系，就像步行时身与影一样不可分离。

【出处】

圣人之于事，似缓而急、似迟而速以待时。王季历[①]困而死，文王苦之，有不忘羑里之丑，时未可也。武王事之，夙夜不懈，亦不忘王门之辱。立十二年，而成甲子之事。时固不易得。太公望，东夷之士也，欲定一世而无其主。闻文王贤，故钓于渭以观之。时亦然。有汤武之贤而无桀纣之时不成，有桀纣之时而无汤武之贤亦不成。圣人之见时，若步之与影不可离。(《吕氏春秋·孝行览·首时》)

有道之士

君主贤明，世道太平，贤德的人就处在上位；君主不肖，世道混乱，贤德的人就处在下位。如今周王室衰亡，天子灭绝，没有比这更大的混乱了。没有天子，世道就会出现以强凌弱、以多欺少的局面，列国相互残杀，争战不休。当今之世，要寻求道行高深的圣贤，只能到四海边、山谷中和偏远幽静的地方去寻找。只要得到了这样的圣贤，还有什么不能得到？想做什么不能成功？太公望在滋泉钓鱼，正逢商纣为天子，周文王因为得到他，因而能称王天下。文王身为诸侯，纣身为天子，天子失去太公望，诸侯得到他，这是识贤与不识贤的差别。那些一般的平民百姓，不用了解他们就可役使，不用以礼相待就可使唤。至于道行高深的贤人，就一定要以礼相待，引为知己，然后他们才肯尽其聪明才智来辅佐

① 王季历：即姬历，周文王父亲。

你。周公听从胜书的劝说，齐桓公下见小臣稷、魏文侯拜会段干木，就是礼贤下士的例子。

【出处】

主贤世治则贤者在上，主不肖世乱则贤者在下。今周室既灭，而天子已绝。乱莫大于无天子，无天子则强者胜弱，众者暴寡，以兵相残，不得休息。今之世当之矣。故当今之世，求有道之士，则于四海之内、山谷之中、僻远幽闲之所，若此则幸于得之矣。得之则何欲而不得？何为而不成？太公钓于滋泉，遭纣之世也，故文王得之而王。文王，千乘也；纣，天子也。天子失之而千乘得之，知之与不知也。诸众齐民，不待知而使，不待礼而令。若夫有道之士，必礼必知，然后其智能可尽。解在乎胜书之说周公，可谓能听矣；齐桓公之见小臣稷、魏文侯之见田子方也，皆可谓能礼士矣。(《吕氏春秋·有始览·谨听》)

臭味相投

得到君主的赏识和器重，并没有一定之规，讨人喜欢也有偶然性。就仿佛男人对于女性，没有谁不喜欢长相漂亮的，但并不是每个人都有这种缘分。黄帝对嫫母说："砥砺你的德行不要停止，专心于后宫治理不要懈怠，虽然你长相丑陋，又有什么关系呢？"很多人喜欢甜品，但甜品并非对每人都适用。周文王很爱吃菖蒲根制作的腌菜，孔子吃一口就皱眉头，三年才习惯它。齐国有个人有狐臭，他的父母、兄弟、妻子、朋友，没有谁可以忍耐。他自己也感到痛苦，就搬到海边去居住。偏偏海边有人喜欢他的臭味，与他朝夕相伴，形影不离。

【出处】

故曰遇合也无常。说，适然也。若人之于色也，无不知说美者，而美者未必遇也。故嫫母执乎黄帝，黄帝曰："厉女德而弗忘，与女正而弗衰，虽恶奚伤？"若人之于滋味，无不说甘脆，而甘脆未必受也。文王嗜昌蒲菹，孔子闻而服之，缩頞而食之。三年然后胜之。人有大臭者，其亲戚兄弟妻妾知识无能与居者。自苦而居海上。海上人有说其臭者，昼夜随之而弗能去。(《吕氏春秋·孝行览·遇合》)

物不可全

人不可能十全十美，万物都是如此。有人用不爱儿子的名声诋毁尧，以不孝顺父亲的名义诋毁舜，用内心贪图帝位来诋毁禹，用谋划放逐、杀死君主来诋毁商汤和周武王，用侵吞掠夺别国来诋毁五霸。由此看来，世上哪有十全十美呢？所以，君子要求他人只按照常人的标准，要求自己则按照礼义的标准。按照常人的标准要求他人就容易得到满足，容易得到满足就能得到别人拥护，按照礼义的标准要求自己就难以犯错，难以犯错行为就严正。承担天地间的重任就游刃有余。缺乏贤德的人就不是这样了。他们以礼义的标准要求他人，却按常人的标准要求自己。按照礼义的标准要求他人就难以满足，从而连最亲近的人也会失去；按照常人的标准要求自己就容易做到，容易做到行为就苟且。所以天下虽大却难以容身，自己性命难保，国家被颠覆。这就是桀、纣、周幽王、周厉王的所作所为啊。一尺长的树木一定会有节结，一寸大的玉石也会有瑕疵。贤明的先王知道世间的事物不可能十全十美，所以对人对事的选择只看重其长处。

【出处】

以全举人固难，物之情也。人伤尧以不慈之名，舜以卑父之号，禹以贪位之意，汤、武以放弑之谋，五伯以侵夺之事。由此观之，物岂可全哉？故君子责人则以人，自责则以义。责人以人则易足，易足则得人；自责以义则难为非，难为非则行饰。故任天地而有馀。不肖者则不然，责人则以义，自责则以人。责人以义责难瞻，难瞻则失亲；自责以人则易为，易为则行苟；故天下之大而不容也，身取危，国取亡焉，此桀、纣、幽、厉之行也。尺之木必有节目，寸之玉必有瑕瓋。先王知物之不可全也，故择物而贵取一也。(《吕氏春秋·离俗览·举难》)

驾驭之术

救火的时候，叫主管官员提着水壶水罐跑去救火，只能起到一个人的作用；拿起鞭子、短棍，就能役使上万的人去救火。因此圣明的君主不亲自管理小老百姓，不亲自处理小事情。造父正在锄草，这时有父子坐车路过，马受惊不肯前行，儿子下车拉住马，父亲下来推车，并请造父帮忙。于是造父收拾农具，把它寄放车上。上前接过马绳，刚拿起鞭子，马就向前奔跑起来。假使造父不会驾车，即使全力帮忙推车，马也不一定肯行。现在他坐在车上很安逸，农具也寄放在车上，又有恩德于人，这是因为他有技术驾驭马车啊。国家是君主的车，权势是君主的马。君主没有技术驾驭它，即便自己很努力，国家还是难免混乱；有技术来驾驭它，就不但身处安逸快乐的境地，还能取得帝王的功业。

【出处】

救火者，令吏挈壶瓮而走火，则一人之用也；操鞭箠指麾而趣使人，则制万夫。是以圣人不亲细民，明主不躬小事。造父方耨，得有子父乘车过者，马惊而不行，其子下车牵马，父子推车，请造父助我推车。造父因收器辍而寄载之，援其子之乘，乃始检辔持筴，未之用也，而马辔惊矣。使造父而不能御，虽尽力劳身，助之推车，马犹不肯行也。今身使佚，且寄载有德于人者，有术而御之也。故国者，君之车也；势者，君之马也。无术以御之，身虽劳犹不免乱；有术以御之，身处佚乐之地又致帝王之功也。（《韩非子·外储说右下第三十五》）

王寿焚书

王寿背着书走路，在大路上碰到徐冯。徐冯说："事情都是靠人去做，怎么做要根据当时的具体情况，聪明人做事没有固定不变的办法。书本是记载言论的，言论来源于人们对客观事物的理解，聪明的人是不藏书的。现在你为什么背着书本走路呢？"于是王寿烧了他的书，高兴得手舞足蹈。《韩非子》评论说："聪明人不必遵从书本的言论说教，不用藏书。不重书本知识、不藏书是世人指责的，王寿想重复这种做法，就是把不学习当学习了。"

【出处】

王寿负书而行，见徐冯于周，涂冯曰："事者为也，为生于时，知者无常事。书者言也，言生于知，知者不藏书。今子何独负之而行？"于是王寿因焚其书而舞之。故知者不以言谈教，而慧者不以藏书箧。此世之所过也，而王寿复之，是学不学也。故曰："学不学，复归众人之所过也。"（《韩非子·喻老第二十一》）

秦国卷

秦国是周朝时华夏族在中国西北建立的一个诸侯国。秦人主要由西迁的华夏族人及当地土著人构成。秦国的远祖最早可追溯到传说中的颛顼帝。秦襄公参与平定西戎叛乱及护送平王东迁过程中立功，于公元前769年被封为诸侯，是秦作为诸侯国正式立国。从秦襄公立国到秦始皇灭六国一统天下，共历31任，计约548年。其间秦穆公西部称霸、秦孝公任用商鞅进行变法、昭襄王以范雎“远交近攻”战略奠定统一战争胜利基础，令人印象深刻。

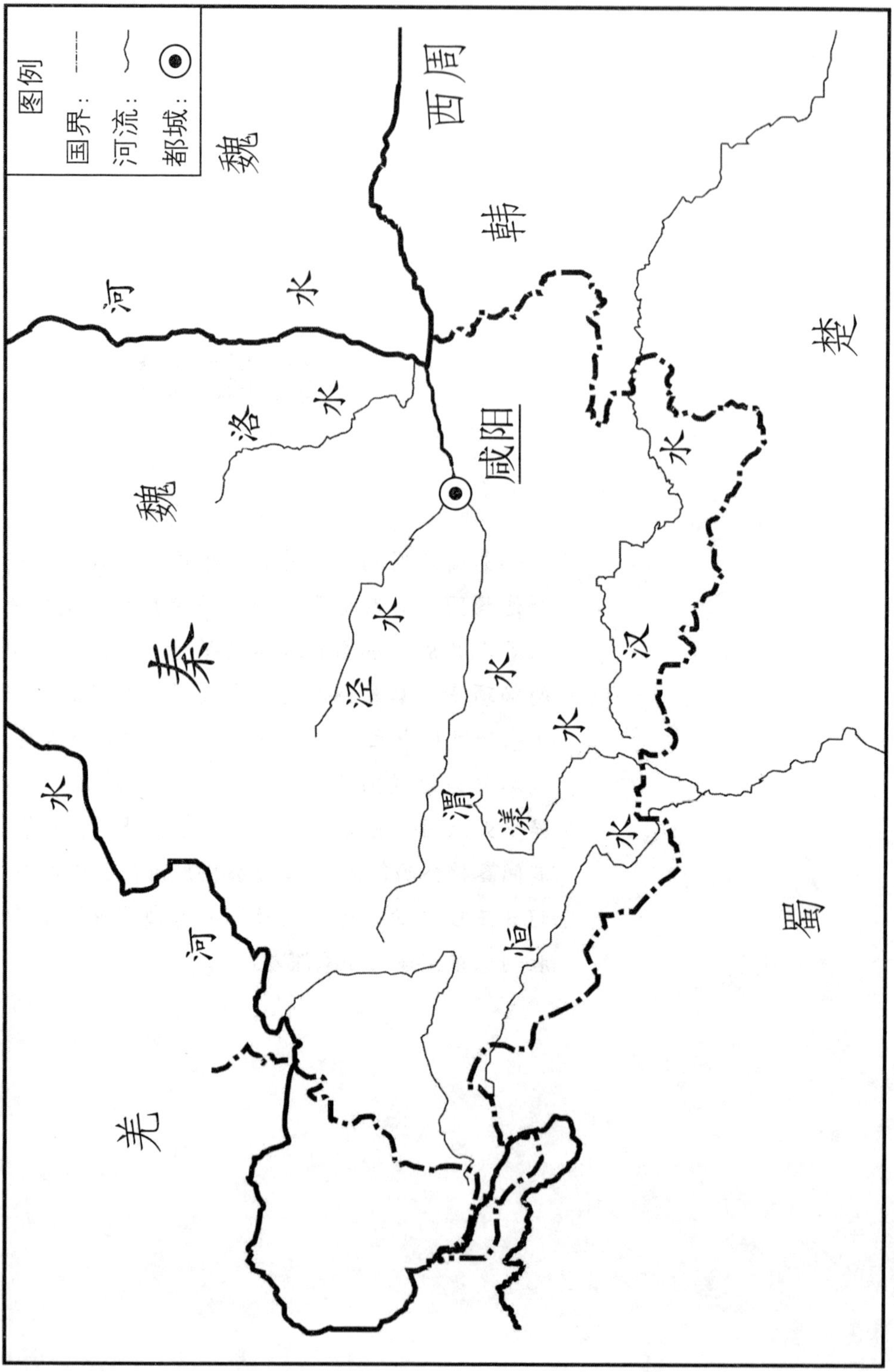
图例
国界：
河流：
都城：
西周
魏
韩
河水
洛水
咸阳
魏
秦
泾水
渭水
漾水
汉水
楚
蜀
河水
羌
恒水

女脩吞卵

根据远古时代的传说，秦国的君主，包括赵国君主的原始祖母，是一个名叫女脩的女人。一种说法称女脩是颛顼时代的苗裔，也有人指称她是颛顼帝的女儿或孙女，又或是黄帝长子少昊的女儿。有一天，女脩在自家院子里纺织，有只小燕子落到院子内，生了一只蛋后飞走了。女脩走出屋子，顺手捡起这只燕卵吃了，不久就有了身孕。后来生下一个儿子，取名大业。大业成年之后，娶少典部落的女子女华为妻，生子伯益（大费）。伯益曾经参加大禹治水，由于治水有功，又辅佐舜帝驯服鸟兽，得到舜帝的首肯，舜帝不仅赐他姓嬴，还把自己家族的女子嫁给他为妻。

【出处】

秦之先，帝颛顼之苗裔孙曰女脩。女脩织，玄鸟陨卵，女脩吞之，生子大业。大业取少典之子，曰女华。女华生大费，与禹平水土。已成，帝锡玄圭。禹受曰："非予能成，亦大费为辅。"帝舜曰："咨尔费，赞禹功，其赐尔皁游。尔后嗣将大出。"乃妻之姚姓之玉女。大费拜受，佐舜调驯鸟兽，鸟兽多驯服，是为柏翳。舜赐姓嬴氏。（《史记·秦本纪》）

凿井驯兽

伯益姓嬴，又称伯翳、柏益、大费，是徐氏、黄氏、赵氏与秦王室的先祖、黄帝的第五代孙。有人说他是大业的儿子，有人说他是皋陶的儿子，有人又说大业与皋陶是同一个人。因为皋陶是东夷部落少昊的首领，所以伯益就成了东夷少昊的后代。伯益非常聪明能干，在跟随大禹治水时，能根据地势水流的特点，指导百姓种植水稻，恢复和发展农业生产。因为长期与水土打交道，探知到地下水的秘密，于是发明了凿井技术。以往人们靠近河流定居，河水泛滥时常常遭遇洪灾；有了凿井技术，不仅可以避开水患，北方广袤的土地也能得到开发。伯益在治理山川过程中，还积累了驯服鸟兽的经验，不仅辅佐舜帝调理驯服鸟兽，还把这方面的经验传授给普通民众，当然，最为获益的还是他的子孙。伯益长期与山川河流鸟兽打交道，博识广闻，后世不少人怀疑《山海经》最早的版本，就出自他的手笔。伯益不仅仅只会干活，也很有政治头脑，在处理民族矛盾方面尤其有远见卓识。舜帝的时候，三苗族离心离德，舜让大禹以武力讨伐，三苗不服；伯益提议恩威并举，武德相济，终于使三苗族感化归顺。大禹本来想把帝位禅让给皋陶，但高寿106岁的皋陶没熬到那一天，禹于是把帝位传给了皋陶的儿子伯益。不过大禹临死前把主要亲信都安排在重要岗位上，而这些人对夏禹的儿子启更有好感。伯益审时度势，等到启为父亲服丧三年期满，便将帝位让给了启，从此中国的王位继承由禅让进入家天下世袭的阶段。也有人说是夏禹的儿子启不服伯益，率领华夏子民发动了征伐东夷的"有扈之乱"，伯益战败被杀，代表东夷集团的诸嬴势力受到挤压分化，被迫西迁。嬴秦从山东日照出发，不远万里，西越秦岭，但始终未忘故土。秦人的墓葬头始终朝向东方。秦始皇登基后曾经数次东巡琅琊，明显带有寻根的味道。[①]

【出处】

令益予众庶稻，可种卑湿。(《史记·夏本纪》)

伯益作井，赤冀作臼。(《吕氏春秋·审分览第五·勿躬篇》)

佐舜调驯鸟兽，鸟兽多驯服，是为柏翳。(《史记·秦本纪》)

帝曰："弃，黎民阻饥，汝后稷，播时百谷。"(《尚书·虞书·舜典》)

帝曰："咨，禹！惟时有苗弗率，汝徂征。"禹乃会群后，誓于师曰："济济有众，咸听朕命。蠢兹有苗，昏迷不恭，侮慢自贤，反道败德，君子在野，小人在位，民弃不保，天降之咎，肆予以尔众士，奉辞伐罪。尔尚一乃心力，其克有勋。"三旬，苗民逆命。益赞于禹曰："惟德动天，无远弗届。满招损，谦受益，时乃天道。帝初于历山，往于田，日号泣于旻天，于父母，负罪引慝。祇载见瞽叟，夔夔斋栗，瞽亦允若。至诚感神，矧兹有苗。"禹拜昌言曰："俞！"班师振旅。帝乃诞敷文德，舞干羽于两阶，七旬有苗格。(《尚书·虞书·大禹谟》)

一日千里

伯益有两个儿子，大廉和若木。大廉属于苗裔，以鸟为图腾，号鸟俗氏。若木以大费为姓，称费氏。若木的玄孙费昌因为祖传的驯兽技艺，特别擅长驯马驾车，成为商汤御车的正驾。商汤与夏桀决战于鸣条，费昌因擒获夏桀立下赫赫战功，被封为费侯。大廉的玄孙仲衍也成为商王的御驾。商纣王的时候，仲衍的后人蜚廉和恶来，一个是飞毛腿，一个是大力士。因为助纣为虐，恶来被周武王杀死，蜚廉因为奔跑技术一流幸免于难。蜚廉的后代季胜生子孟增，孟增的孙子

① 有人认为古羌人也是秦人祖先的一支。

就是号为远古第一驾的造父。传说他驾车拉周穆王外出游玩，久不还朝，徐偃王趁机接管朝政。穆王得知消息，令造父驾车回朝。造父以日行千里的速度赶回都城，助穆王及时平定了叛乱。周穆王因其劳苦功高，将他封于赵城，造父由此成为赵氏的祖先。

【出处】

大费生子二人：一曰大廉，实鸟俗氏；二曰若木，实费氏。其玄孙曰费昌，子孙或在中国，或在夷狄。费昌当夏桀之时，去夏归商，为汤御，以败桀于鸣条。大廉玄孙曰孟戏、中衍，中衍鸟身人言。帝太戊闻而卜之使御，吉，遂致使御而妻之。自太戊以下，中衍之后遂世有功，以佐殷国，故嬴姓多显，遂为诸侯。其玄孙曰中潏，在西戎，保西垂。生蜚廉。蜚廉生恶来。恶来有力，蜚廉善走，父子俱以材力事殷纣。周武王之伐纣，并杀恶来。是时蜚廉为纣使北方，还，无所报，为坛霍太山而报，得石棺，铭曰："帝令处父不与殷乱，赐尔石棺以华氏。"死，遂葬于霍太山。蜚廉复有子曰季胜。季胜生孟增。孟增幸于周成王，是为宅皋狼。皋狼生衡父，衡父生造父。造父以善御幸于周缪王，周缪王得骥、温骊、骅骝、騄耳之驷，西巡狩，乐而忘归。徐偃王作乱，造父为缪王御，长驱归周，一日千里以救乱。缪王以赵城封造父，造父族由此为赵氏。(《史记·秦本纪》)

朕其分土

女防四代之后，嬴氏家族又出现一位养马高手非子。非子居住在犬丘的偏远地方，专注畜牧业，尤其擅长养马。犬丘人向周孝王汇报非子的特长，孝王便召来非子，命他在汧水、渭水河畔养马。非子养的马膘肥体壮，繁衍很快。孝王想立非子为大骆的嫡子，继承大骆的嬴氏宗嗣。非子本来就是大骆的儿子，但因为申侯的女儿是大骆的妻子，她生的儿子成已经立为嫡子。所以申侯对孝王说："从前我们的祖先骊山之女，嫁给戎人胥轩为妻，生下中潏，中潏因为亲戚关系而归服于周，保守西垂，西戎因此与周室和睦相处。现在我又把女儿嫁给大骆为妻，生下嫡子成。申人和大骆再次通婚，西戎全都归顺，您才得以一统天下。请您再三斟酌。"周孝王于是答应仍然以申侯女儿所生的儿子成为大骆嫡子，以安抚西戎。孝王又说："从前伯翳为舜帝掌管牲畜，牲畜繁衍很多，因此获得封地，被赐姓嬴氏。现在他的后代为我养马，贡献也很大，我就封他一块土地，成为周室的附庸吧。"于是孝王将非子封在秦地，让他延续嬴氏的香火，号称秦嬴。从此，中国西部边陲有了秦国。

【出处】

非子居犬丘，好马及畜，善养息之。犬丘人言之周孝王，孝王召使主马于汧渭之间，马大蕃息。孝王欲以为大骆适嗣。申侯之女为大骆妻，生子成为适。申侯乃言孝王曰："昔我先郦山之女，为戎胥轩妻，生中潏，以亲故归周，保西垂，西垂以其故和睦。今我复与大骆妻，生适子成。申骆重婚，西戎皆服，所以为王。王其图之。"于是孝王曰："昔伯翳为舜主畜，畜多息，故有土，赐姓嬴。今其后世亦为朕息马，朕其分土为附庸。"邑之秦，使复续嬴氏祀，号曰秦嬴。亦不废申侯之女子为骆适者，以和西戎。(《史记·秦本纪》)

西垂大夫

秦嬴的玄孙秦仲所处的时代，正是周厉王时期。周厉王横征暴敛，致使人心背离，诸侯反叛，此时西戎趁机入侵周王朝，抢夺掳掠，进入犬丘，剿灭了大骆一族。周宣王即位后，任命秦仲为大夫，率兵讨伐西戎，结果战败被杀。秦仲在位 23 年，生有五个儿子，以庄公年长。周宣王于是召见庄公等兄弟五人，拨给他们七千士兵，命其再征西戎。五兄弟同仇敌忾，终于将西戎击溃，夺回了大骆的失地。周宣王便将原大骆族所居住的犬丘赐给秦庄公，封他为西垂大夫。

【出处】

秦仲立三年，周厉王无道，诸侯或叛之。西戎反王室，灭犬丘大骆之族。周宣王即位，乃以秦仲为大夫，诛西戎。西戎杀秦仲。秦仲立二十三年，死于戎。有子五人，其长者曰庄公。周宣王乃召庄公昆弟五人，与兵七千人，使伐西戎，破之。于是复予秦仲后，及其先大骆地犬丘并有之，为西垂大夫。(《史记·秦本纪》)

将兵救周

秦国早年崛起的每一次重大机遇，几乎都源于战乱。周幽王为博褒姒千金一笑，骊山举火。申侯勾结犬戎入侵，将镐京焚毁殆尽、洗劫一空。平王继位后，为躲避犬戎侵犯，将国都从镐京东迁洛邑（洛阳）。作为平叛西戎的得力干

西垂大夫

将，秦襄公亲自率兵，一路护送周平王到东都洛邑。平王因襄公护驾有功，于是将襄公从以前的西垂大夫升格为诸侯，并赐给他岐以西的地盘。平王说："戎人无道，强占我岐、丰之地，你如果能撵走戎人，这片土地就都归你所有。"于是他们订立盟约，给秦襄公确定了领地与爵位。从这时开始，秦国遂成为诸侯国，与其他诸侯国互派使节往来。

【出处】

西戎犬戎与申侯伐周，杀幽王郦山下。而秦襄公将兵救周，战甚力，有功。周避犬戎难，东徙洛邑，襄公以兵送周平王。平王封襄公为诸侯，赐之岐以西之地。曰："戎无道，侵夺我岐、丰之地，秦能攻逐戎，即有其地。"与誓，封爵之。襄公于是始国，与诸侯通使聘享之礼，乃用骝驹、黄牛、羝羊各三，祠上帝西畤。十二年，伐戎而至岐，卒。生义公。（《史记·秦本纪》）

以经邦国

秦国最初几年与戎、狄的战争，均以失败而告终。周平王五年，秦襄公在讨伐犬戎的战争中阵亡。秦文公即位后的第四年，文公往东方打猎，来到汧、渭二水之间。文公说："从前，周王室把这里的土地赐给我们的祖先秦嬴（即非子）作为封邑，后来我们终于成为诸侯。"秦文公于是命人占卜这里是否适宜居住，占卜的结果说吉利。文公于是下令营建城邑。十六年，文公击败西戎，收罗留居当地的周人，将国土延伸到岐山以西。十九年，文公在陈仓获得宝石。二十年，开始设立记事史官及诛灭三族的刑法，[①] 使百姓受到教化，结束了游牧生活。

【出处】

三年，文公以兵七百人东猎。四年，至汧、渭之会。曰："昔周邑我先秦嬴于此，后卒获为诸侯。"乃卜居之，占曰吉，即营邑之。十年，初为鄜畤，用三牢。十三年，初有史以纪事，民多化者。十六年，文公以兵伐戎，戎败走。于是文公遂收周余民有之，地至岐，岐以东献之周。十九年，得陈宝。二十年，法初有三族之罪。二十七年，伐南山大梓，丰大特。四十八年，文公太子卒，赐谥为竫公。竫公之长子为太子，是文公孙也。五十年，文公卒，葬西山。（《史记·秦本纪》）

---

① 《史记·秦本纪》说："法初有三族之罪。"之后从"夷三族"逐步发展到"夷五族、九族"。大法家商鞅被秦惠文王"车裂并灭其族"。这里的灭其族，是指没出五服的族人全部被杀。

文公得宝

文公梦见有一条黄蛇，身子从天上下垂到地面，嘴巴一直伸到鄜城一带的田野里。文公以梦中的事询问史敦，史敦回答说："这是上帝的象征，请君主祭祀它。"于是建立了鄜畤，[①] 用三牲大礼郊祀白帝。在立鄜畤以前，雍城旁原有吴阳武畤，雍城东有好畤，都已废弃无人祭祀。有人说："自古以来，由于雍州地势高，为神明聚居处，所以立畤郊祀上帝，其他诸神的祠庙也都聚集在这里。大约黄帝时曾经有人在这里祭祀，直到晚周还举行郊祀。"这些话不见于经典，为缙绅大人所不言。作鄜畤以后九年，秦文公得到一块质地像石头的东西，在陈仓山北坡的城邑中祭祀它。它的神灵有时经岁不至，有时一年之中数次降临，降临常在夜晚，有光辉似流星，从东南方来，落在祠城中，像雄鸡一样，鸣叫声殷殷然，引得野鸡纷纷夜啼。祭祀这个神灵的供品，是用牛、羊、猪各一头，这位神灵称作"陈宝"。[②]

【出处】

文公梦黄蛇自天下属地，其口止于鄜衍。文公问史敦，敦曰："此上帝之征，君其祠之。"于是作鄜畤，用三牲郊祭白帝焉。自未作鄜畤也，而雍旁故有吴阳武畤，雍东有好畤，皆废无祠。或曰："自古以雍州积高，神明之隩，故立畤郊上帝，诸神祠皆聚云。盖黄帝时尝用事，虽晚周亦郊焉。"其语不经见，缙绅者不道。作鄜畤后九年，文公获若石云，于陈仓北阪城祠之。其神或岁不至，或岁数来，来也常以夜，光辉若流星，从东南来集于祠城，则若雄鸡，其声殷云，野鸡夜雊。以一牢祠，命曰陈宝。(《史记·封禅书》)

---

① 鄜畤，是秦文公进入关中西部设立的第一畤，畤是专门用来祭祀天地和五帝的重要场所，古人认为祭祀是除军事之外的国之大事，它对于国家政权稳定、军事扩张以及发展壮大有着重要的作用。

② 陈宝，即宝鸡神。据《东周列国志》：陈仓人猎得一兽，似猪而多刺，击之不死，不知其名，欲牵以献文公。路遇二童子，指曰："此兽名曰'猬'，常伏地中，啖死人脑，若捶其首即死。"猬也作人言曰："二童子乃雉精，名曰'陈宝'，得雄者王，得雌者霸。"二童子被说破，即化为野鸡飞去。其雌者止于陈仓山之北阪，化为石鸡。视猬，亦失去矣。猎人惊异，奔告文公。文公复立陈宝祠于陈仓山。

南山大梓

秦国的时候，武都郡故道县南山有一座怒特祠，祠堂边上长着一棵梓树。秦文公二十七年，文公派人去砍伐这棵梓树，顿时有狂风暴雨。树上的创口随砍随合，整整砍伐了一天也没有砍断。秦文公增派士兵，拿着斧头一起上阵，还是砍不断。士兵们疲倦了回去休息，其中有个人脚伤了不能走路，只好躺在树下，他听见鬼对树神说："攻战很辛劳吧？"树神说："哪里算得上辛劳？"鬼说："秦文公一定不肯罢休，怎么办？"树神回答说："秦文公能把我怎么样呢？"鬼说："如果派人披着头发，用大红丝线绕住树干，穿着赤褐色的衣服，撒着灰来砍你，你还坚持得住吗？"树神哑口无言。第二天，伤到脚的人把听到的话报告秦文公，文公于是派士兵们按照鬼说的那样做，而且砍出创口就用灰撒上。结果树被砍断，一头青牛从树中跑出来，跳入雍水。后来附近的居民，经常看见青牛出没水中。文公知道后，派骑士守候击杀。青牛力大，撞翻骑士。骑士披头散发去追它，青牛惧怕，从此不敢再露面。从那以后，秦国以牛为勇力的象征，并奉以为神，于武都郡立怒特祠祭祀它。

【出处】

又终南山，有大梓树，文公欲伐为殿材，锯之不断，砍之不入；忽大风雨，乃止。有一人夜宿山下，闻众鬼向树贺喜，树神亦应之。一鬼曰："秦若使人被其发，以朱丝绕树，将奈之何？"树神默然。明日，此人以鬼语告于文公。文公依其说，复使人伐之，树随锯而断。有青牛从树中走出，径投雍水。其后近水居民，时见青牛出水中。文公闻之，使骑士候而击之。牛力大，触骑士倒地。骑士发散被面。牛惧更不敢出。文公乃制髦头于军中，复立怒特祠，以祭大梓之神。(《东周列国志·第四回》)

民惧而溃

梁国灭亡的时候，《春秋》里并没有记载灭亡梁国的是谁，因为祸害完全是梁国自找的。梁伯喜好大兴土木，屡次筑城而无人居住，百姓疲倦得不堪忍受，就四处散布说："某某敌人就要来了！"又在国君的宫室外挖沟说："秦国将要袭击我国。”老百姓因为害怕而溃散，秦国趁机获取了梁国。[①]

【出处】

梁亡，不书其主，自取之也。初，梁伯好土功，亟城而弗处，民罢而弗堪，则曰:“某寇将至。”乃沟公宫，曰:“秦将袭我。”民惧而溃，秦遂取梁。(《左传·僖公十九年》)

芮伯归位

姬姓芮国是周成王时期任命的畿内诸侯，国君被称为芮伯，一直是周王室的卿士重臣。鲁桓公三年的时候，芮伯万的母亲芮姜因为厌恶芮伯的宠姬太多，觉得他荒淫无度，因此把他撵到同姓的魏国，另立为新的君主。芮国国小，又与秦国相邻，秦公觉得这是个乘乱灭芮的机会，于是出兵伐芮，没想到芮国国家虽小，战斗力却强，轻敌的秦公因此打了败仗。秦公于是转而报告周桓王，以芮国逐君换君事未征得周天子同意为由，鼓动周天子联合出兵干预此事。周桓王因为被郑庄公的军队射伤而颜面扫地，也认为芮国未经请示逐君换君有损周天子“天下共主”的尊严，于是会合秦国的军队一起出兵包围魏国，找到芮伯并送他回国归位。芮伯万归位后，因感激秦公的鼎力相助，理所当然成为秦国的附庸。秦穆公二十年，秦终于灭掉梁国、芮国。

【出处】

鲁桓公三年，芮伯万之母芮姜恶芮伯之多宠人也，故逐之，出居于魏。四年秋，秦师侵芮，败焉，小之也。冬，王师、秦师围魏，执芮伯以归。(《左传·桓公三年》《左传·桓公四年》)

秦穆公二十年，秦灭梁、芮。(《史记·秦本纪》)

始为秦音

周昭王亲自统率军队征伐楚国。身高力大的辛馀靡担任昭王的车右。军队返回，横渡汉水的时候，桥坏被毁，昭王和蔡公落入江水。辛馀靡先把昭王救到北岸，接着又返回救起蔡公。周公因此封他为西方诸侯，做一方之长。当初，殷

① 战国时魏国也称梁国。此梁国与彼梁国应属两个国家。

整甲迁徙到西河居住，因为思念故土，于是创作了最早的西方音乐。辛馀靡封侯后定居西山，继承了这一音乐。秦穆公时令人在西山采风，将其作为秦国的音乐。

【出处】

周昭王亲将征荆。辛馀靡长且多力，为王右。还反涉汉，梁败，王及蔡公抎于汉中。辛馀靡振王北济，又反振蔡公。周公乃侯之于西翟，实为长公。殷整甲徙宅西河，犹思故处，实始作为西音，长公继是音以处西山，秦缪公取风焉，实始作为秦音。(《吕氏春秋·季夏纪·音初》)

五羖大夫

晋献公看到秦国日益崛起，为了讨好秦国，就把自己的女儿，也就是太子申生的亲姐姐嫁给秦穆公。为了显示对这桩婚姻的重视，献公不仅送给女儿大量美玉珠宝，还以几十名奴仆做陪嫁，这其中，就有被俘的虞国大夫百里傒。百里傒不甘受辱，于半道逃脱，悄悄返回楚国故里宛邑。秦穆公听说百里傒很有才干，想用重金赎回，又怕楚人不答应，于是挑选一名武士做使者，带着五张黑羊皮前往，对楚国人说："敝国的陪嫁奴仆百里傒，半路逃往贵国，现用五张黑羊皮将其赎回，请贵国准许。"楚人果然毫不在意，让人找到百里傒，将他交给了秦国使者。此时百里傒已有七十多岁。穆公亲自迎他进宫，与他讨论国家大事。百里傒推辞说："我是亡国之臣，不值得君主看重。"穆公说："虞君因为不听您的劝告才导致亡国，这并不是您的过错。"再三向他请教。于是百里傒从如何治理国家，谈到用兵打仗，争霸中原，说得头头是道。两人一连谈了三天三夜。穆公对百里傒非常敬佩，当即拜他为大夫，请他主持国政。因为是用五张羊皮换回来的，人们都戏称百里傒为"五羖大夫"。

【出处】

缪公任好元年，自将伐茅津，胜之。四年，迎妇于晋，晋太子申生姊也。其岁，齐桓公伐楚，至邵陵。五年，晋献公灭虞、虢，虏虞君与其大夫百里傒，以璧马赂于虞故也。既虏百里傒，以为秦缪公夫人媵于秦。百里傒亡秦走宛，楚鄙人执之。缪公闻百里傒贤，欲重赎之，恐楚人不与，乃使人谓楚曰："吾媵臣百里傒在焉，请以五羖羊皮赎之。"楚人遂许与之。当是时，百里傒年已七十余。缪公释其囚，与语国事。谢曰:"臣亡国之臣，何足问!"缪公曰:"虞君不用子，故亡，非子罪也。"固问，语三日，缪公大说，授之国政，号曰五羖大夫。(《史记·秦本纪》)

厚迎蹇叔

秦穆公让百里傒主持国政。百里傒推让说:"我的朋友蹇叔见识和能力在我之上，但世人却很少知晓他。从前我到齐国寻找做官的机会，生活陷入困境，是蹇叔收留了我。我想在齐君无知手下做事，多亏蹇叔的劝阻，我才没卷入齐国内乱。到了周王室之后，周王子颓喜欢牛，我想借养牛求仕，正当我要获得任用的时候，蹇叔却劝阻我不要在周王室做事，我听取了他的意见得以免遭杀身之祸。后来我到虞君手下做事，蹇叔又劝阻我。我虽然知道虞君不会重用我，但心里贪图爵禄，也就暂时留下了。三次求仕，我两次听从他的劝告得以脱身，一次没听，就碰上了虞君的亡国之难，由此可以看出他的贤能。"穆公听说后，立即派人以贵重的礼物把蹇叔请来，封他为上大夫。

【出处】

百里傒让曰:"臣不及臣友蹇叔，蹇叔贤而世莫知。臣常游困于齐而乞食铚人，蹇叔收臣。臣因而欲事齐君无知，蹇叔止臣，臣得脱齐难，遂之周。周王子颓好牛，臣以养牛干之。及颓欲用臣，蹇叔止臣，臣去，得不诛。事虞君，蹇叔止臣。臣知虞君不用臣，臣诚私利禄爵，且留。再用其言，得脱，一不用，及虞君难。是以知其贤。"于是缪公使人厚币迎蹇叔，以为上大夫。(《史记·秦本纪》)

听歌认妻

秦穆公聘百里傒为相，有一次，百里傒举办堂会来款待客人。相府内有个洗衣服的女佣听到乐器声后，主动要求为上大夫百里傒演奏一曲，百里傒欣然表示同意。那老妇人走到大庭广众之下，落落大方地援琴抚弦，自弹自唱道:"百里傒啊，五张羊皮把你赎回来的，回忆我们别离的时候，我煮了一只还在下蛋的母鸡，舂了黄米，劈了木门栓当柴来给你做饭。今天你富贵了为什么就忘了我?百里傒啊，五张羊皮把你赎回来的，你做父亲的天天吃好饭好肉，你的儿子却哭着喊饿。你做丈夫的穿着绣着花纹的衣服，你的妻子却在帮别人洗衣服。可叹啊，为什么富贵了就忘了我?百里傒啊，五张羊皮把你赎回来的。当初的时候，你远走他方我在哭泣。如今，你高坐高堂我却游离失所。可叹啊，为什么富贵了就忘了我？”百里傒一听歌声，觉得眼前的这个老妇人，像是自己已失散了几十年的结发妻子，他急忙走下堂来仔细辨认，正是自己的妻子杜氏。

【出处】

百里傒为秦相，堂上作乐，所赁澣妇，自言知音，呼之，搏髀援琴，抚弦而歌者三。其一曰：“百里傒，五羊皮，忆别时，烹伏雌，炊扊扅，今日富贵忘我为。”其二曰：“百里傒，初娶我时五羊皮，临当别时烹乳鸡，今适富贵忘我为。”其三曰：“百里傒，百里傒，母已死，葬南溪，坟以瓦，覆以柴，舂黄藜，搤伏鸡，西入秦，五羖皮，今日富贵捐我为。”问之，乃其故妻，还为夫妇也。（《风俗通义·情遇》）

取雁让贤

有一天，秦穆公与公孙支讨论国政。公孙支显得很惊讶，问秦穆公说：“君王最近心明眼亮，思维缜密，怕是得到了圣人的帮助吧？”秦穆公说：“是的。我十分欣赏百里傒的言论，他就跟圣人差不多。”公孙支回家取来一只大雁向穆公表示祝贺，说：“君王得到了治国安邦的圣臣，此为国家之福。”穆公拜了两拜，接受了公孙支的贺礼。第二天，公孙支向秦穆公提出辞去上卿的职位，并举荐百里傒说：“秦国地处偏僻，百姓见识不广，愚昧无知，这不利于国家的振兴。我自知能力不及百里傒，因此请求将卿位让给他。”穆公不答应。公孙支又说：“君主没有经过宾相的举荐得到圣臣，这是君主的福气；我让位于圣臣，也是我的福气。现在君主已经得福，却不让我得福，怎么行呢？”穆公仍然不肯。公孙支坚持说：“臣不才而居于高位，说明君主选拔人才有误。大胆果断地任用能人贤士，是君主英明的表现。如果我继续呆在上卿的位置上，既败坏了君王的美德，又违背了我的意愿，我将选择逃走。”穆公于是答应了公孙支的请求，以百里傒为上卿，让公孙支为次卿辅佐他。

【出处】

异日与公孙支论政，公孙支大不宁曰：“君耳目聪明，思虑审察，君其得圣人乎！”公曰：“然，吾悦夫傒之言，彼类圣人也。”公孙支遂归取雁以贺曰：“君得社稷之圣臣，敢贺社稷之福。”公不辞，再拜而受，明日，公孙支乃致上卿以让百里傒曰：“秦国处僻，民陋以愚无知，危亡之本也，臣自知不足以处其上，请以让之。”公不许，公孙支曰：“君不用宾相而得社稷之圣臣，君之禄也；臣见贤而让之，臣之禄也。今君既得其禄矣，而使臣失禄可乎？请终致之！”公不许。公孙支曰：“臣不肖而处上位是君失伦也，不肖失伦，臣之过，进贤而退不肖，君之明也，今臣处位，废君之德而逆臣之行也，臣将逃。”公乃受之。故百里傒为上卿以制之，公孙支为次卿以佐之也。（《说苑·臣术》）

人事其事

秦穆公任命百里傒为相国后不久，晋国派叔虎、齐国派东郭蹇出使秦国，公孙支请求会见晋齐两国的使者。穆公说：“这是你职份内的事吗？”公孙支回答说：“不是。”穆公说：“那么是受相国的委派吗？”回答说：“不是。”秦穆公说：“那么你是要做不该你做的事。秦国地处偏僻，处于戎夷之地，即使事事有专职，人人守其责，仍担忧被中原各国耻笑。现在你却要做不是你职份内的事！下去吧，我会对你的罪过予以惩处。”公孙支去找百里傒诉苦，百里傒替他向穆公求情。穆公说：“这是相国该过问的事吗？公孙支如果无罪，没必要求情；倘若有罪，求情又有什么用呢？”百里傒于是命令官吏对公孙支论罪行罚。确定官员的名份职守，这是古人实行法治的表现。秦穆公既然已经在向这个方向努力，他称霸西戎岂不是情理之中的事吗？

【出处】

秦缪公相百里傒。晋使叔虎、齐使东郭蹇如秦，公孙支请见之。公曰：“请见客，子之事欤？”对曰：“非也。”“相国使子乎？”对曰：“不也。”公曰：“然则子事非子之事也。秦国僻陋戎夷，事服其任，人事其事，犹惧为诸侯笑，今子为非子之事，退，将论而罪。”公孙支出，自敷于百里氏。百里傒请之。公曰：“此所闻于相国欤？支无罪傒请？有罪傒请焉？”百里傒归，辞公孙支。公孙支徙，自敷于街。百里傒令吏行其罪。定分官，此古人之所以为法也。今缪公乡之矣。其霸西戎，岂不宜哉？（《吕氏春秋·不苟论·不苟》）

泛舟之役

晋惠公四年冬季，晋国大旱，粮食出现短缺，于是派人到秦国请求购买粮食。秦穆公问公孙支说：“要卖给他们粮食吗？”公孙支回答说：“君主一再给予晋君恩惠，如果他不思报答，晋国的老百姓就会离心离德；到时候秦国出兵讨伐他，没有百姓的支持，他必然失败。”秦穆公又问百里傒，百里傒回答说：“天灾流行，总会在各国交替发生。救援灾荒，周济邻国，这是正道。按正道办事一定会得到福报。”丕郑的儿子丕豹反对，认为应该趁机进攻晋国。秦穆公摇头说：“晋国的国君不讨人喜欢，但老百姓有什么罪过？”于是安排运送粮食给晋国。秦国运送粟米的船队从雍城到绛城接连不断，人们把这次运粮称之为“泛舟之役”。

【出处】

冬，晋荐饥，使乞籴于秦。秦伯谓子桑：“与诸乎？”对曰：“重施而报，君将何求？重施而不报，其民必携，携而讨焉，无众必败。”谓百里：“与诸乎？”对曰：“天灾流行，国家代有，救灾恤邻，道也。行道有福。”丕郑之子豹在秦，请伐晋。秦伯曰：“其君是恶，其民何罪？”秦于是乎输粟于晋，自雍及绛相继，命之曰泛舟之役。（《左传·僖公十三年》）

秦晋之好

成语“秦晋之好”来源于秦国与晋国的政治联姻传统。重耳到了秦国以后，秦穆公想嫁给他五名宗室女子，包括原先嫁给子圉的怀嬴。[①] 重耳一开始不想接受，司空季子说：“您将要攻打怀公了，何必顾虑接受他之前的妻子？况且，接受了这门亲事就能得到秦国的帮助，有什么必要拘泥于小礼节，而忘记自己的大耻呢？”于是重耳听取意见接受了亲事。穆公很高兴，和重耳饮酒。……文公元年夏天，重耳迎娶夫人，秦国嫁给文公的妻子最终都被封为夫人。秦国送了三千名护卫，防范晋国再出现动乱。秦穆公为女儿准备了丰厚的嫁妆，仅衣着光鲜的陪嫁侍女就有七十多个。晋国的一些大臣看到陪嫁的侍女都很漂亮，幻想着能抢一个回家做妾，相反认为秦国的公主肯定不那么漂亮。后来就以“爱媵贱女”形容办事作文舍本逐末，本末倒置。

【出处】

重耳至秦，缪公以宗女五人妻重耳，故子圉妻与往。重耳不欲受，司空季子曰：

① 秦穆公所嫁五女中，以文嬴为正妻，怀嬴（辰嬴）为陪嫁媵妾。文嬴无子，在文公众妃中排位第一，辰嬴生公子乐，众妃中排位第九。但也有说法称文嬴、怀嬴、辰嬴为同一人。参见《史记·晋世家》《左传·僖公二十三年》《左传·僖公三十三年》《左传·文公六年》。

"其国且伐，况其故妻乎。且受以结秦亲而求入，子乃拘小礼，忘大丑乎！"遂受。缪公大欢，与重耳饮。……（文公元年）夏，迎夫人于秦，秦所与文公妻者卒为夫人。秦送三千人为卫，以备晋乱。(《史记·晋世家》)

昔秦伯嫁其女于晋公子，令晋为之饰装，从衣文之媵七十人。至晋，晋人爱其妾而贱公女。此可谓善嫁妾而未可谓善嫁女也。(《韩非子·外储说左上第三十二》)

忌则不克

秦穆公问晋国大夫郤芮说："公子依靠谁？"郤芮回答说："臣听说逃亡在外的人没有党羽，有了党羽必定就有仇敌。夷吾小时候不喜欢玩耍，能够争斗而不过分，年纪大了也不改变，其他我就不知道了。"听了郤芮的介绍，秦穆公对公孙支说："你认为夷吾可以安定国家吗？"公孙支说："臣听说，只有行为合乎准则，才能安定国家。《诗》说：'无欲无为，顺应上帝的法则'，文王就是这样的。又说，'不弄假，不伤残，大多能成为典范'。没有好恶也就是说既不猜忌也不好强。从郤芮的话里可以知道夷吾既猜忌又好强，要他安定晋国，估计很难。"秦穆公笑着说："猜忌多必生怨恨，作战哪能取胜？这对我国是好事啊。"

【出处】

秦伯谓郤芮曰："公子谁恃？"对曰："臣闻亡人无党，有党必有仇。夷吾弱不好弄，能斗不过，长亦不改，不识其他。"公谓公孙支曰："夷吾其定乎？"对曰："臣闻之，唯则定国。《诗》曰：'不识不知，顺帝之则。'文王之谓也。又曰：'不僭不贼，鲜不为则。'[①]无好无恶，不忌不克之谓也。今其言多忌克，难哉！"公曰："忌则多怨，又焉能克？是吾利也。"《左传·僖公九年》

怨不忘亲

秦穆公的夫人穆姬，是晋献公的女儿，太子申生的同母姐姐，而与惠公不同母亲，为人贤德而有义气。晋献公死后，夷吾得到秦国的支援回国继位。穆姬捎信给他，要他接纳其他公子归国，叮嘱他说："同宗兄弟，是你建国的根本。"

① "不识不知，顺帝之则"，出自《诗经·大雅·皇矣》："不僭不贼，鲜不为则"，出自《诗经·大雅·抑》。

惠公口头答应，却不照办。惠公恩将仇报，在秦国遭遇饥荒时，不仅不提供援助，反而调集军队攻打秦国。秦穆公非常气愤，后来在韩原之战时打败晋国，俘虏了惠公。押解回国途中，秦穆公吩咐手下说："让人把祖庙打扫干净，我要以晋国君主的首级祭献祖先。"穆姬得知消息，立即和太子罃、公子宏和女儿简璧穿上孝服，进入后园崇台上搭好的草棚，在台下堆积数十层干柴。她派人传话给穆公说："秦晋两国本是友好邻邦，却不能用玉帛相见，反而兴师动众，大动干戈，这是上天降下的灾祸。我决意不见晋公，如果你把他带入秦国国都雍城，那么早上进来，我晚上就自焚而死，请你自己拿主意吧。"穆公非常恐慌，对左右说："俘获了晋侯应该庆贺高兴，但如果以丧事作为结局，又有什么用呢？"于是和晋侯在王城结盟，并馈送七牢之礼①遣返回国。

【出处】

穆姬者，秦穆公之夫人，晋献公之女，太子申生之同母姊，与惠公异母。贤而有义。献公杀太子申生，逐群公子。惠公号公子夷吾，奔梁。及献公卒，得因秦立。始即位，穆姬使纳群公子曰："公族者，君之根本。"惠公不用，又背秦赂。晋饥，请粟于秦，秦与之。秦饥，请粟于晋，晋不与。秦遂兴兵与晋战，获晋君以归。秦穆公曰："扫除先人之庙，寡人将以晋君见。"穆姬闻之，乃与太子罃、公子宏，与女简璧，衰绖履薪以迎。且告穆公曰："上天降灾，使两君匪以玉帛相见，乃以兴戎。婢子娣姒，不能相教，以辱君命。晋君朝以入，婢子夕以死。惟君其图之。"公惧，乃舍诸灵台。大夫请以入，公曰："获晋君以功归，今以丧归，将焉用！"遂改馆晋君，馈以七牢而遣之。（《列女传·卷之二贤明传》《史记·秦本纪》《左传·僖公十五年》）

相马之机

秦穆公对伯乐说："您的年纪大了，家族中还有谁可以继承您的事业吗？"伯乐回答说："良马可以从形状、容貌、筋骨上看出来；至于驰行天下的千里马则很难寻找。我的儿子们属于下等人才，仅能够教他们识别良马。我有个一起上山砍柴的伙伴，名叫九方皋，此人的相马术不在我之下，请您接见他。"穆公于是接见九方皋，派他出门寻找千里马。三个月后，九方皋回来报告说："马找到了，在沙丘那儿。"穆公问："是什么马？"九方皋回答道："母马，黄色的。"

① 七牢之礼：古代天子馈赐诸侯的礼品。牢，牛、羊、豕为一牢。七牢，牛、羊、豕三牲各七。

穆公派人去牵，派去的人报告说是一匹纯黑色的公马。穆公很不高兴，召见伯乐说：“你推荐的人太差了，连颜色、公母都分不清楚，又怎么能辨别马的优劣呢？”伯乐长叹一声说：“竟到了这种地步了啊！这正是他比我高明不止千万倍的地方啊！九方皋所看到的是马的内在神机，观察到它内在的精髓而忽略它的表面现象，洞察它的实质而忘记它的外表；只看他应该看到的东西，不看他不必看到的东西；只注意他应该注意的内容，而忽略他不必注意的形式。像九方皋这样相马，有比鉴别马还要宝贵得多的意义。”后来马送到了，果然是一匹天下少有的骏马。

【出处】

秦穆公谓伯乐曰：“子之年长矣，子姓有可使求马者乎？”伯乐对曰：“良马可形容筋骨相也。天下之马者，若灭若没，若亡若失，若此者绝尘弭辙。臣之子皆下才也，可告以良马，不可告以天下之马也。臣有所与共担纆薪菜者，有九方皋，此其于马，非臣之下也。请见之。”穆公见之，使行求马。三月而反，报曰：“已得之矣，在沙丘。”穆公曰：“何马也？”对曰：“牝而黄。”使人往取之，牡而骊。穆公不说，召伯乐而谓之曰：“败矣，子所使求马者！色物、牝牡尚弗能知，又何马之能知也？”伯乐喟然太息曰：“一至于此乎！是乃其所以千万臣而无数者也。若皋之所观，天机也，得其精而忘其粗，在其内而忘其外；见其所见，不见其所不见；视其所视，而遗其所不视。若皋之相者，乃有贵乎马者也。”马至，果天下之马也。(《列子·说符》)

食马之德

一次，秦穆公乘车出行，半路上车子坏了，右侧驾辕的马脱缰而去，被一群山民抓住了。穆公率随从找寻，在岐山的南面看到山民们正在分食马肉。穆公说：“我听说，吃马肉如果不喝酒，马肉会伤害身子的。”穆公让人抬来几坛酒，与他们一一碰杯后离去。过了一年，秦、晋在韩原展开激战。晋国士兵包围了秦穆公的兵车，大夫梁由靡已经抓住穆公车驾左侧的马匹，晋惠公的车右路石举起长戈击穿了穆公的六层铠甲。危急时刻，曾在岐山之南分食马肉的三百余名山民们赶到，持器械拼死力战，以报答吃马肉而被赦免的不杀之恩。于是秦军乘势反击，结果大胜晋军，活捉了晋惠公。

【出处】

昔者，秦缪公乘马而车为败，右服失而野人取之。缪公自往求之，见野人方将食之于岐山之阳。缪公叹曰："食骏马之肉而不还饮酒，余恐其伤女也！"于是遍饮而去。处一年，为韩原之战。晋人已环缪公之车矣，晋梁由靡已扣缪公之左骖矣，晋惠公之右路石奋投而击缪公之甲，中之者已六札矣。野人之尝食马肉于岐山之阳者三百有余人，毕力为缪公疾斗于车下，遂大克晋，反获惠公以归。(《吕氏春秋·仲秋纪·爱士》)

蹇叔哭师

秦穆公就兴师偷袭郑国一事征求意见。蹇叔说："我听说偷袭他国的城邑，动用战车的距离不能超过一百里，步兵不超过三十里，以保证部队在士气旺盛、精力充沛时到达，进攻能一举消灭敌人，也能够迅速撤离。现在行军几千里，穿越好几个国家去偷袭别人，能占到什么便宜呢?"但是秦穆公没有听取他的意见。大军出发那天，蹇叔含泪相送到城门外。蹇叔哭着说；"将士们啊，今天来给你们送别，恐怕你们很难活着回来了！"而后又私下对随军出征的两个儿子说："晋国如果阻击我军，一定是在崤山。你们战死的话，尽量靠近山边，以便我收尸时容易辨认。"穆公听说了这件事，派人责备蹇叔说："我发兵出征，还不知道胜负如何，你却哭着送行，这是给我的军队哭丧啊。"蹇叔回答说："我老了，有两个儿子随军出征。等到军队返回，不是他们战死，就是我老死，所以才哭。"秦军经过周室都城的时候，王孙满在城墙上观看，预测这支缺少礼仪和秩序的部队将会遭遇挫折。秦军继续向东行进。在滑国与郑国商人弦高、奚施相遇。弦高判断说："秦军一定是去偷袭郑国。"于是让奚施返回郑国报告，自己则假奉郑国国君的命令迎上去慰劳秦军。孟明视等秦军将领见郑国已有准备，遂传令回师。这时正好赶上文公去世，尚未安葬，先轸以秦国对晋文公去世未表示哀悼为由，劝说襄公在崤山伏击秦军。结果秦军大败，几乎全军覆没。孟明视等三位主帅被俘。秦穆公得知秦军在崤山全军覆没的消息后，身穿丧服，到宗庙里哭告祖先，对众人说："上天不帮助秦国，才让我没有听从蹇叔的劝阻，以致遭受如此惨烈的祸患。"

【出处】

昔秦缪公兴师以袭郑，蹇叔谏曰："不可。臣闻之，袭国邑，以车不过百里，以人不过三十里，皆以其气之趆与力之盛，至，是以犯敌能灭，去之能速。今行数千里、又绝诸侯之地以袭国，臣不知其可也。君其重图之。"缪公不听也。蹇叔送师于门外而哭曰："师乎！见其出而不见其入也。"蹇叔有子曰申与视，与师偕行。蹇叔谓其子曰："晋若遏师必于殽。女死不于南方之岸，必于北方之岸，为吾尸女之易。"缪公闻之，使人让蹇叔曰："寡人兴师，未知何如？今哭而送之，是哭吾师也。"蹇叔对曰："臣不敢哭师也。臣老矣，有子二人，皆与师行，比其反也，非彼死则臣必死矣，是故哭。"师行过周，王孙满要门而窥之，曰："呜呼！是师必有疵。若无疵，吾不复言道矣。夫秦非他，周室之建国也。过天子之城，宜櫜甲束兵，左右皆下，以为天子礼。今袀服回建，左不轼，而右之超乘者五百乘，力则多矣，然而寡礼，安得无疵？"师过周而东。郑贾人弦高、奚施将西市于周，道遇秦师，曰："嘻！师所从来者远矣。此必袭郑。"遽使奚施归告，乃矫郑伯之命以劳之，曰："寡君固闻大国之将至久矣。大国不至，寡君与士卒窃为大国忧，日无所与焉，惟恐士卒罢弊与糗粮匮乏。何其久也，使人臣犒劳以璧，膳以十二牛。"秦三帅对曰："寡君之无使也，使其三臣丙也、秫也、视也于东边候晤之道，过是，以迷惑陷入大国之地。"不敢固辞，再拜稽首受之。三帅乃惧而谋曰："我行数千里、数绝诸侯之地以袭人，未至而人已先知之矣，此其备必已盛矣。"还师去之。当是时也，晋文公适薨，未葬。先轸言于襄公曰："秦师不可不击也，臣请击之。"襄公曰："先君薨，尸在堂，见秦师利而因击之，无乃非为人子之道欤？"先轸曰："不吊吾丧，不忧吾哀，是死吾君而弱其孤也。若是而击，可大强。臣请击之。"襄公不得已而许之。先轸遏秦师于殽而击之，大败之，获其三帅以归。缪公闻之，素服庙临，以说于众曰："天不为秦国，使寡人不用蹇叔之谏，以至于此患。"此缪公非欲败于殽也，智不至也。智不至则不信。言之不信，师之不反也从此生。故不至之为害大矣。(《吕氏春秋·先识览·悔过》)

何人之罪

秦晋崤山之战后，晋国释放被俘虏的秦将。朝中大夫和身边侍臣都对穆公说："这次战败，是孟明视的罪过，一定要处死他。"秦穆公说："这是我的过错。周朝芮良夫的诗中说：'大风迅猛将一切摧毁，生性贪婪的人成为败类。听人讲话就喜欢插嘴，诵读《诗》《书》就昏昏欲睡，不能任用有才的贤人，行为举止与道义相背。’诗中所说的就是我啊。”于是让孟明视继续执政。孟明视修明政事，善待士民，晋国的赵成子得知消息，对朝中大夫们说：“如果秦军再次前来，一定要避开它。《诗》中说：‘怀念你的祖先，修明你的德行。’孟明就是这样做的，由于内心敬畏而不断完善自我，这种人是不可抵挡的。”

【出处】

殽之役，晋人既归秦帅，秦大夫及左右皆言于秦伯曰：“是败也，孟明之罪也，必杀之。”秦伯曰：“是孤之罪也。周芮良夫之诗曰：‘大风有隧，贪人败类，听言则对，诵言如醉，匪用其良，覆俾我悖。’[①] 是贪故也，孤之谓矣。孤实贪以祸夫子，夫子何罪？”复使为政。（《左传·文公元年》）

秦伯犹用孟明。孟明增修国政，重施于民。赵成子言于诸大夫曰：“秦师又至，将必辟之，惧而增德，不可当也。《诗》曰：‘毋念尔祖，聿修厥德。’[②] 孟明念之矣，念德不怠，其可敌乎？”（《左传·文公二年》）

济河焚舟

秦穆公派兵出征伐晋。秦军渡过黄河后，将船只全部烧毁，意欲背水一战。大军势不可当，占领王官，一直推进到晋都城郊。晋军固守不战，秦军于是从茅津口渡过黄河，在殽地为死亡的将士建了一座坟墓，然后回国。秦穆公自此将征战的目光转向西戎诸国。君子评价说：秦穆公作为国君，提拔人才考虑全面，任用人才专一无二；孟明作为臣子，努力不懈，善于吸取经验教训，才能够一雪前耻。

【出处】

秦伯伐晋，济河焚舟，取王官，及郊。晋人不出，遂自茅津济，封殽尸而还。遂霸西戎，用孟明也。君子是以知“秦穆公之为君也，举人之周也，与人之壹也；孟明之臣也，其不解也，能惧思也；子桑之忠也，其知人也，能举善也。”（《左传·文公三年》）

---

① “大风有隧，贪人败类，听言则对，诵言如醉，匪用其良，覆俾我悖”，出自《诗经·大雅·桑柔》。

② “毋念尔祖，聿修厥德”，出自《诗经·大雅·文王》。

计赚由余

鲁文公元年，由余奉戎王之命出使秦国。戎王听说穆公贤能，所以派由余到秦国考察。穆公向由余炫耀宫殿建筑和物资储备。由余说："这些都是靠劳民伤财换来的。"穆公问他说："中原各国以诗书礼乐和法度治理国家，尚且经常出乱子；现在戎夷没有这些，治理国家岂不是很困难吗？"由余笑着说："这恰恰是中国内乱不断的原因啊。三皇五帝制定礼乐和法度，以身作则，率先奉行，也仅仅达到小治；后来的统治者日益骄奢淫逸，倚仗法度的威严苛剥下民，结果导致民怨沸腾，指责统治者不仁不义。上下交相责怪，篡夺杀戮，以至断子绝孙。戎夷的情况却不是这样，统治者以淳厚的仁爱之心对待下民，民众以忠贞不渝的信义事奉其上。管理国家就像管理一个人那样轻松，这才是真正的圣人之治啊。"穆公对内史廖说："我听说邻国有圣人，是敌国所担心的事情。由余贤能，就是秦国的心头之患，该拿他怎么办呢？"内史廖说："戎王地处偏僻闭塞，没有听到过中国的音乐。您不妨试探地送给他一些歌伎舞女，以消磨他的意志。同时尽量亲近和挽留由余，耽误他的归期，使戎王生疑。君臣之间有了嫌隙，秦国就有了机会。"穆公于是和由余连席而坐，传器而食。令内史廖把八人一列的两队歌伎舞女送给戎王。戎王非常喜欢，终日沉溺于吃喝淫乐，不理政事。这时秦国才放回由余，由余屡次劝谏均不为采纳。戎王不分昼夜地大吃大喝，身边有谁说秦军将会来袭就开弓射谁。整年也不搬迁一次，牧养的牲畜死去一半。秦穆公不断派人暗中邀请由余，由余终于弃戎降秦。秦穆公拜由余为上卿，向他了解西戎的军事形势与地形状况，而后采纳他的计策打败戎王，兼并了周边的12个国家，开拓了方圆千里的土地，终于称霸西戎。

【出处】

戎王使由余于秦。由余，其先晋人也，亡入戎，能晋言。闻缪公贤，故使由余观秦。秦缪公示以宫室、积聚。由余曰："使鬼为之，则劳神矣。使人为之，亦苦民矣。"缪公怪之，问曰："中国以诗书礼乐法度为政，然尚时乱，今戎夷无此，何以为治，不亦难乎？"由余笑曰："此乃中国所以乱也。夫自上圣黄帝作为礼乐法度，身以先之，仅以小治。及其后世，日以骄淫。阻法度之威，以责督于下，下罢极则以仁义怨望于上，上下交争怨而相篡弑，至于灭宗，皆以此类也。夫戎夷不然。上含淳德以遇其下，下怀忠信以事其上，一国之政犹一身之治，不知所以治，此真圣人之治也。"于是缪公退而问内史廖曰："孤闻邻国有圣人，敌国之忧也。今由余贤，寡人之害，将奈之何？”内史廖曰：“戎王处辟匿，未闻中国之声。君试遗其女乐，以夺其志；为由余请，以疏其间；留而莫遣，以失其期。戎王怪之，必疑由余。君臣有间，乃可虏也。且戎王好乐，必怠于政。”缪公曰：“善。”因与由余曲席而坐，传器而食，问其地形与其兵势尽詧，而后令内史廖以女乐二八遗戎王。戎王受而说之，终年不还。于是秦乃归由余。由余数谏不听，缪公又数使人间要由余，由余遂去降秦。缪公以客礼礼之，问伐戎之形。……三十七年，秦用由余谋伐戎王，益国十二，开地千里，遂霸西戎。（《史记·秦本纪》）

节俭得国

秦穆公问由余说：“古时候的帝王，得到国家和失去国家，主要是因为什么原因呢？”由余说：“可能是由于节俭得国，奢侈失国。”秦穆公说：“我想知道奢侈和节俭的界限。”由余说：“我听说唐尧执掌天下时，吃饭用土碗，饮水用土鼎，四海臣服。虞舜继承帝位，砍树削木作为食具，销铸铜铁制作刀具，虽然漆成黑色来使用，但诸侯认为奢侈过度、不肯臣服的国家有13个。大禹继位后，制作祭器巧加雕饰，杯盘食勺予以彩绘，因而不肯服从的国家增加到32个。夏朝灭亡后，殷商、西周承接，更加奢侈无度，制作金玉装饰的大车，树立天子的旌旗，食具精雕细琢，杯盘刻花镂纹，四壁挂上帷帐，坐垫卧席也雕文绘彩，因而不肯臣服的国家增加到52个。国君如果喜好文采修饰，臣服的人就会更加奢侈。所以说节俭才是正道。”

【出处】

秦穆公闲，问由余曰：“古者明王圣帝，得国失国，当何以也？”由余曰：“臣闻之，当以俭得之，以奢失之。”穆公曰：“愿闻奢俭之节。”由余曰：“臣闻尧有天下，饭于土簋，啜于土铏，其地南至交趾，北至幽都，东西至日所出入，莫不宾服。尧释天下，舜受之，作为食器，斩木而裁之，销铜铁，修其刃，犹漆黑之以为器。诸侯侈，国之不服者十有三。舜释天下，而禹受之，作为祭器，漆其外而朱画其内，缯帛为茵褥，觞勺有彩，为饰弥侈，而国之不服者三十有二。夏后氏以没，殷周受之，作为大器，而建九傲，食器雕琢，觞勺刻镂，四壁四帷，茵席雕文，此弥侈矣，而国之不服者五十有二。君好文章，而服者弥侈，故曰俭其道也。”（《说苑·反质》）

计赚鄀国

秦晋两国的军队联合攻打鄀国，楚国派斗克、屈御寇率领申、息两地的军队戍守鄀国的都城商密。秦军进入鄀地，绕道经过析城时，捆绑自己的士兵假装为俘虏，并包围商密。黄昏的时候，秦军逼近城下。夜里，秦军掘地歃血，放置盟书，假装和斗克、御寇盟誓的样子。商密的人非常害怕，相互转告说："秦军已经占领了析地，戍守的楚人背叛了我们。"于是开门向秦军投降。秦军囚禁了申公斗克、息公屈御寇之后回国。

【出处】

秋，秦、晋伐鄀。楚斗克、屈御寇以申、息之师戍商密。秦人过析隈，入而系舆人以围商密，昏而傅焉。宵，坎血加书，伪与子仪、子边盟者。商密人惧曰："秦取析矣，戍人反矣。"乃降秦师。囚申公子仪、息公子边以归。楚令尹子玉追秦师，弗及，遂围陈，纳顿子于顿。（《左传·僖公二十五年》）

梦见上帝

秦穆公即位后，病卧五天不省人事。醒来后，自称梦见了上帝，上帝命令他平定晋国的内乱。史官将此事记载下来藏于内府。而后世都说秦穆公曾经上天。

【出处】

秦缪公立，病卧五日不寤；寤，乃言梦见上帝，上帝命缪公平晋乱，史书而记，藏之府。而后世皆曰秦缪公上天。（《史记·封禅书》）

弄玉吹箫

箫史是秦穆公时人，善吹箫，能使孔雀、白鹤闻声飞落庭院。穆公有个女儿叫弄玉，喜欢箫史，穆公就把她嫁给了箫史。箫史每天教弄玉吹箫，模仿凤的叫声。这样过了几年，弄玉吹的箫声与凤鸣声非常相似，凤凰听到箫声，都飞来停息在他们的屋上。穆公就替他们造了一座台，名为凤台。箫史夫妇居住台上达数年之久，某日随着凤凰一同飞去。为此，秦国替弄玉在雍宫内造了一座祠堂，名为凤女祠，还经常能听到箫声在祠内回荡。

【出处】

萧史者，秦穆公时人。善吹箫，能致孔雀、白鹄于庭。穆公有女，字弄玉，好之。公逐以女妻焉。曰教弄玉作凤鸣。居数年，吹似凤声，凤皇来止其屋。公为作凤台，夫妇止其上，不下数年。一旦，皆随凤飞去。故秦人为作凤女祠于雍宫中，时有箫声而已。(《列仙传·箫史》)

活人殉葬

秦穆公三十九年，穆公死，葬于雍城，陪葬者多达177人，秦国子舆氏的三位贤臣奄息、仲行、鍼虎也在殉葬之列。秦人作《黄鸟》之诗表达对“三良”之死的哀伤。[①]君子评价此事说：“秦穆公扩地并国，东面打败强晋，西面称霸戎夷，然而却不能称霸诸侯，与他的德行是密切相关的。古代重视选贤使能，树立风俗教化，制定法度准则，使后人得福。现在穆公不但不能贻福于后代，反而以贤良的人作为殉葬，秦国一时很难复东征了。”

【出处】

三十九年，缪公卒，葬雍。从死者百七十七人，秦之良臣子舆氏三人名曰奄息、仲行、鍼虎，亦在从死之中。秦人哀之，为作歌《黄鸟》之诗。君子曰：“秦穆公广地益国，东服强晋，西霸戎夷，然不为诸侯盟主，亦宜哉。死而弃民，收其良臣而从死。且先王崩，尚犹遗德垂法，况夺之善人良臣百姓所哀者乎？是以知秦不能复东征也。”缪公子四十人，其太子代立，是为康公。(《史记·秦本纪》)

袭秦为实

秦康公花了三年时间修筑高台。楚国出兵，准备攻打齐国。任妄说：“饥荒会招来敌兵，疾病瘟疫会招来敌兵，民力疲惫会招来敌兵，政局混乱会招来敌兵。您花三年时间修筑高台，百姓疲惫至极，如今楚国号称要出兵攻齐，我怕他们以攻齐为名，行偷袭秦国之实。不如多加防范。”秦国于是派兵在东面边境戍

① 参见《诗经·黄鸟》。

守，楚国果然停止了军事行动。

【出处】

秦康公筑台三年，荆人起兵，将欲以兵攻齐。任妄曰："饥召兵，疾召兵，劳召兵，乱召兵。君筑台三年，今荆人起兵，将攻齐，臣恐其攻齐为声，而以袭秦为实也，不如备之。"戍东边，荆人辍行。(《韩非子·说林上第二十二》)

不侍二主

秦国小主即位时年仅2岁，由太后主持朝政。太后重用宦官奄变，一时朝野愤慨，人心思变。公子连此时正流亡魏国，得知这一情况，打算乘机回国，取代小主。好不容易到达要塞郑所，把守边关的右主然却不肯放他入关，对他说："我必须坚守为臣的道义，不能同时侍奉两位君主，公子请快点离开吧。"公子连只好辗转北狄。在焉氏塞，把守关口的菌改顺利放他进关。太后得知消息，立即派兵前往阻拦。军队走到半路发动哗变，迎立公子连返回国都。太后、出公皆死，公子连继立为君，这就是秦献公。献公怨恨右主然，想重重处罚他，同时重赏菌改。大夫监突进谏说："这样做不妥。秦国公子流亡在外的很多，如果臣子们争相让他们进入关内，恐怕对您不利啊。"献公认为他说得有理，于是赦免了右主然，赐菌改为大夫，赏给守塞的士卒每人20石米。恰如其分的赏赐关系到国家的治乱安危。大凡赏赐人，并不是因为喜爱他；处罚人，也不是因为憎恶他。赏罚要看行为导致的结果而定：结果好，即使憎恶他也要赏赐；结果不好，即使喜爱他也要处罚。

【出处】

秦小主夫人用奄变，群贤不说自匿，百姓郁怨非上。公子连亡在魏，闻之，欲入，因群臣与民从郑所之塞。右主然守塞，弗入，曰："臣有义，不两主，公子勉去矣！"公子连去，入翟，从焉氏塞，菌改入之。夫人闻之，大骇，令吏兴卒。奉命曰："寇在边。"卒与吏其始发也，皆曰："往击寇。"中道，因变曰："非击寇也，迎主君也。"公子连因与卒俱来，至雍，围夫人，夫人自杀。公子连立，是为献公。怨右主然，而将重罪之；德菌改，而欲厚赏之。监突争之曰："不可。秦公子之在外者众，若此，则人臣争入亡公子矣，此不便主。"献公以为然，故复右主然之罪，而赐菌改官大夫，赐守塞者人米二十石。献公可谓能用赏罚矣。凡赏非以爱之也，罚非以恶

之也，用观归也。所归善，虽恶之，赏；所归不善，虽爱之，罚。此先王之所以治乱安危也。(《吕氏春秋·不苟论·当赏》)

与之分土

秦孝公有雄心壮志，下令全国说："从前我们的祖先穆公崛起于岐、雍之间，讲求文德武功，向东平定晋国内乱，以黄河与晋划界，向西称霸戎翟，扩地千里。天子承认秦国的霸业，诸侯都来祝贺。不幸厉共公、躁公、简公、出子在位期间，国家内乱频仍，无暇应付外患。三晋于是乘机攻占了河西之地，而诸侯鄙视秦国，没有比这更大的耻辱了。献公即位后，安抚边境，迁都栎阳，打算举兵东征，收复失地，重整穆公时的霸业。想到先君的意愿，我感到痛心。宾客群臣中，有能进献奇计使我秦国强大者，我将封以高官，赏给土地。"随即出兵东围陕城，西斩戎族的獂王。

【出处】

孝公于是布惠，振孤寡，招战士，明功赏。下令国中曰："昔我缪公自岐雍之间，修德行武，东平晋乱，以河为界，西霸戎翟，广地千里，天子致伯，诸侯毕贺，为后世开业，甚光美。会往者厉、躁、简公、出子之不宁，国家内忧，未遑外事，三晋攻夺我先君河西地，诸侯卑秦、丑莫大焉。献公即位，镇抚边境，徙治栎阳，且欲东伐，复缪公之故地，修缪公之政令。寡人思念先君之意，常痛于心。宾客群臣有能出奇计强秦者，吾且尊官，与之分土。"于是乃出兵东围陕城，西斩戎之獂王。(《史记·十二本纪·秦本纪》)

强国之术

卫鞅听说秦孝公颁布求贤令招募人才，要重整秦穆公时代的霸业，于是来到秦国，托景监求见孝公。第一次拜见孝公，卫鞅用尧、舜治国的方法劝说孝公，孝公一边听一边打瞌睡，事后迁怒景监说："你的客人出言狂妄，这种人怎么能任用呢。"卫鞅请求再次拜见孝公。这一次他用禹、汤、文、武的治国方法劝说孝公，但孝公仍然听不进去。卫鞅调整策略，请求孝公再召见一次。会见结束后，孝公对景监说："你的客人不错，可以和他谈谈了。"景监转告卫鞅，卫鞅说："我介绍了春秋五霸的治国方法，看来他有心采纳。下一次我知道该说什么啦。"卫鞅第四次拜见孝公，两人谈得非常投机，一连好几天不觉厌倦。景监问卫鞅说：“您提出了什么好主意，让我们国君如此高兴？”卫鞅回答说：“我劝君主采用帝王治国的办法，建立夏、商、周那样的盛世，君主说，时间太长了不能等，希望在位时就能名扬天下，成为贤明的君主。于是我用富国强兵的办法劝说他，他高兴地采纳了。只是这样一来也就不能与殷、周的德行媲美了。”

【出处】

公孙鞅闻秦孝公下令国中求贤者，将修缪公之业，东复侵地，乃遂西入秦，因孝公宠臣景监以求见孝公。孝公既见卫鞅，语事良久，孝公时时睡，弗听。罢而孝公怒景监曰：“子之客妄人耳，安足用邪！”景监以让卫鞅。卫鞅曰：“吾说公以帝道，其志不开悟矣。后五日，复求见鞅。”鞅复见孝公，益愈，然而未中旨。罢而孝公复让景监，景监亦让鞅。鞅曰：“吾说公以王道而未入也。请复见鞅。”鞅复见孝公，孝公善之而未用也。罢而去。孝公谓景监曰：“汝客善，可与语矣。”鞅曰：“吾说公以霸道，其意欲用之矣。诚复见我，我知之矣。”卫鞅复见孝公。公与语，不自知膝之前于席也。语数日不厌。景监曰：“子何以中吾君？吾君之欢甚也。”鞅曰：“吾说君以帝王之道比三代，而君曰：‘久远，吾不能待。且贤君者，各及其身显名天下，安能邑邑待数十百年以成帝王乎？’故吾以强国之术说君，君大说之耳。然亦难以比德于殷、周矣。”（《史记·商君列传》）

成法可更

秦孝公想采用卫鞅的意见，实行新法，但担心大臣们不同意，就把卫鞅、甘龙、杜挚三位大夫找来一起辩论。卫鞅劝告孝公尽快推行新法说：“行动犹豫不决就不会成名，做事犹豫不决就很难成功。主上不应该顾忌别人的看法。郭偃说：‘探讨最高道德的人不附和世俗；建立丰功伟绩的人不征询众人的意见。’只要有利于国家治理，圣人绝不会拘泥于旧法度；如果对人民有利，圣人不受限于旧礼制。”孝公回答说：“你说得对。”甘龙说：“不是这样的。臣下听说圣人不改变旧俗来施行教化，智者不改变成法来治理国家。沿袭旧俗去施行教化，不费什么气力就能成功；依据法度治理国家，官吏熟悉，百姓也能相安。现在主上要变更法度，摒弃旧制，臣下担心会招致天下人的非议，希望您仔细斟酌。”卫鞅反驳说：“您讲的都是陈词滥调。夏商周三朝治国原则不同，但都成就了帝业，春秋五霸的法度有别，却都成为诸侯的盟主。智慧的人创造法度，愚昧的人被法度牵制；贤能的人改革礼制，庸碌的人被法度约束。受旧礼制和法度约束的人，不配和我们商讨治国之道，主上不必再犹豫了。”杜挚说：“没有百倍的好处，就不改变法度；不到十倍的功效，就不改换器械。我听说效法古人就不会犯错，遵守礼制就没有奸邪。主上请仔细考虑。”卫鞅说：“治理国家，并不只有一种方法。往古历代政教不同，我们该效法哪一个？前代帝王并不互相因袭，我们该遵循谁的礼制？从伏羲、神农，到黄帝、尧舜、文王、武王，无不是顺应时势建立法度，根据现实规定礼制。商汤、周武不拘守古法而得到天下，殷纣、夏桀未改变礼制却遭到灭亡。违反古制的人无可指责，遵循旧礼的人也不值得赞扬。主上别再犹豫了。”于是孝公不顾甘龙、杜挚等人的反对，封卫鞅为商君，全面推行新法。

【出处】

秦孝公欲用卫鞅之言，更为严刑峻法，易古三代之制度，恐大臣不从，于是召卫鞅、甘龙、杜挚三大夫御于君，虑世事之变计，正法之本，使民道。君曰：“代位不亡社稷，君之道也；错法务明主，长臣之行也。今吾欲更法以教民，吾恐天下之议我也。”公孙鞅曰：“臣闻疑行无名，疑事无功，君前定变法之虑，行之无疑，殆无顾天下之议，且夫有高人之行者，固负非于世；有独知之虞者，必见謷于民。语曰：‘愚者暗成事，知者见未萌。’民不可与虑始，可与乐成功。郭偃之法曰：‘论至德者，不和于俗；成大功者，不谋于众。’法者所以爱民也，礼者所以便事也。是以圣人苟可以治国，不法其故；苟可以利民，不循其礼。”孝公曰：“善。”甘龙曰：“不然。臣闻圣人不易民而教，知者不变法而治。因民而教者，不劳而功成，据法而治者，吏习而民安之。今君变法不循故，更礼以教民，臣恐天下之议君，愿君熟虑之。”公孙鞅曰：“子之所言者，世俗之所知也。常人安于所习，学者溺于所闻，此两者所以居官而守法也，非所与论于典法之外也。三代不同道而王，五霸不同法而霸。知者作法，而愚者制焉；贤者更礼，不肖者拘焉。拘礼之人，不足与言事；制法之人，不足与论治。君无疑矣。”杜挚曰：“利不百不变法，功不什不易器。臣闻之法古无过，循礼无邪，君其图之。”公孙鞅曰：“前世不同教，何古之法？帝王者不相复，何礼之循？伏牺神农，教而不诛；黄帝尧舜，诛而不怒；及至文武，各当其时而立法因事制礼。礼法两定，制令各宜，甲兵器备，各便其用。臣故曰治世不一道，便国不必古。故汤武之王也不循古，殷夏之灭也不易礼。然则反古者未可非也，循礼者未足多也，君无疑矣。”孝公曰：“善。吾闻穷乡多怪，曲学多辩。愚者之笑，和者哀焉；狂夫之乐，贤者忧焉。拘世之议，人心不疑矣。”于是孝公违龙、挚之善谋，遂从卫鞅之过言，法严而酷刑深，而必守之以公，当

时取强，遂封鞅为商君。(《新序·善谋第九》)

南门立木

秦孝公任用商鞅准备变法。新法准备就绪而未公布之时，商鞅担心百姓不信，于是在国都市场的南门竖起一根三丈长的木头，以黄金十两为赏，奖励百姓中能把木头搬到北门的人。百姓觉得这件事很奇怪，没人敢动。后来又宣布："能把木头搬到北门的人赏五十金。"有个人抱着试试看的想法把它搬到了北门，果然得到五十两赏金。商鞅借此表明令出必行。随后就颁布了新法。

【出处】

令既具，未布，恐民之不信，已乃立三丈之木于国都市南门，募民有能徙置北门者予十金。民怪之，莫敢徙。复曰："能徙者予五十金。"有一人徙之，辄予五十金，以明不欺。卒下令。(《史记·商君列传》)

乱化之民

新法在民间施行一年，老百姓到国都诉说新法不好的人数以千计。就在这时，太子触犯了新法。卫鞅说："法令之所以行不通，是因为上头有人破坏。"于是他准备依法处置太子。但太子是国君的继承人，不好施以刑罚，于是就处罚了太傅公子虔，给太子的老师公孙贾脸上刺了字。秦国人从此自觉遵行新法。新法推行十年，秦国百姓非常高兴，路上没人拾取遗失的东西，山林里也没有盗贼，家家富裕充足。百姓勇于为国家打仗，不敢为私利争斗，乡村、城镇社会秩序安定。当初到都城诉说新法不好的百姓又有来说新法好的，卫鞅说："这都是扰乱教化的人"，于是把他们全部迁往边境。从此之后，百姓再没人敢议论新法。

【出处】

令行于民期年，秦民之国都言初令之不便者以千数。于是太子犯法。卫鞅曰："法之不行，自上犯之。"将法太子。太子，君嗣也，不可施刑，刑其傅公子虔，黥其师公孙贾。明日，秦人皆趋令。行之十年，秦民大说，道不拾遗，山无盗贼，家给人足。民勇于公战，怯于私斗，乡邑大治。秦民初言令不便者有来言令便者，卫鞅曰"此皆乱化之民也"，尽迁之于边城。其后民莫敢议令。(《史记·商君列传》)

南门立木

比之堂上

魏惠王拥有土地千里，甲士36万，倚仗强大的实力，攻取邯郸，西围定阳。又邀集12家诸侯一起朝拜周天子，准备向西攻打秦国。秦孝公为此忧心忡忡，寝食难安，调动全国的军队严加防守以待来敌。卫鞅向秦孝公献计说："魏王有匡扶周室之功，能号令天下，邀集12国诸侯朝见天子，说明盟国颇多。以区区一个秦国与之对抗，取胜的把握不大。大王不如派臣为使者去拜见魏王，臣有把握挫败魏国。"秦王答应了他的请求。卫鞅前往魏国拜见惠王，大加称赞说："大王劳苦功高，天下都服从您的号令。但如今大王率领的12家诸侯，不是宋、卫，就是邹、鲁、陈、蔡，大王固然可以随意驱使它们，然而就凭这点力量还不足以称王天下。大王不如向北联合燕国，东伐齐国，那么赵国必定服从于您；再向西联合秦国，南伐楚国，韩国就会服从于您。大王有讨伐齐、楚的志向，并且行事合于道义，那么王业就可以实现了。大王不如采行天子的服饰，然后图谋齐、楚。"惠王听了十分高兴，便仿行天子的体制，大建宫室，制作丹衣和九斿、七星之旗。对惠王的越礼不轨，齐、楚两国君主大为激愤，各路诸侯也都改投到齐国的旗帜之下。之后齐人伐魏，杀死魏太子申并歼灭魏国十万大军。惠王十分恐慌，急忙下令收兵，向东臣服于齐。诸侯各国这才停止继续攻打魏国。与此同时，秦孝公则乘机取得了魏国的河西地区，并且对惠王毫无感激之情。卫鞅当初与孝公商议对策的时候，策划不离开坐席，定计在杯盏之间，设谋于高堂之上，而魏国大将庞涓已为齐国擒获；战车未动，西河之外已据为己有。这就是苏秦所说的"败敌于厅堂之上，擒敌于帷幄之中，在酒宴上攻克敌城，在枕席上斩断敌人的兵车"。

【出处】

昔者魏王拥土千里，带甲三十六万，其强而拔邯郸，西围定阳，又从十二诸侯朝天子以西谋秦。秦王恐之，寝不安席，食不甘味，令于境内，尽堞中为战具，竟为守备，为死士置将，以待魏氏。卫鞅谋于秦王曰："夫魏氏其功大而令行于天下，有十二诸侯而朝天子，其与必众，故以一秦而敌大魏，恐不如。王何不使臣见魏王，则臣请必北魏矣。"秦王许诺。卫鞅见魏王曰："大王之功大矣，令行于天下矣。今大王之所从十二诸侯，非宋、卫也，则邹、鲁、陈、蔡，此固大王之所以鞭箠使也，不足以王天下。大王不若北取燕，东伐齐，则赵必从矣；西取秦，南伐楚，则韩必从矣。大王有伐齐、楚心，而从天下之志，则王业见矣。大王不如先行王服，然后图齐、楚。”魏王说于卫鞅之言也，故身广公宫，制丹衣，柱建旌九斿，从七星之旟，此天子之位也，而魏王处之。于是齐、楚怒，诸侯奔齐，齐人伐魏，杀其太子，覆其十万之军。魏王大恐，跣行按兵于国而东次于齐，然后天下乃舍之。当是时，秦王垂拱受河西之外，而不以德魏王。故卫鞅之始与秦王计也，谋约不下席，言于尊俎之间，谋成于堂上，而魏将以禽于齐矣；冲橹未施，而西河之外入于秦矣。此臣之所谓“比之堂上，禽将户内，拔城于尊俎之间，折冲席上者也。”（《战国策·齐策五》）

商鞅伐魏

秦孝公让公孙鞅率兵攻打魏国，魏国派公子卬率兵抵御他。公孙鞅在魏国时和公子卬很要好，于是他派人对公子卬说：“我之所以出游并希望显贵，都是为了公子您的缘故。现在秦国让我统兵攻魏，魏国让公子率兵应对，我怎么忍心与公子交战呢？不如双方向各自的君主报告，请求撤兵好了。”双方准备撤兵的时候，公孙鞅派人对公子卬说；“一别很难再见，希望能与公子聚一聚。”公子答应了。随行的魏国军官劝阻说：“不能答应。”公子卬不听。公孙鞅乘机设下埋伏，在两人相聚叙旧的时候，俘虏了公子卬，从而击败魏军，收复河西失地。秦孝公死后，惠王即位，因为这件事而质疑公孙鞅的品行，想加罪于他。公孙鞅带着家眷逃往魏国，魏国大臣襄疵拒绝接纳他们，说：“因为您对公子卬背信弃义，恕无法接待。”

【出处】

公孙鞅之于秦，非父兄也，非有故也，以能用也。欲堙之责，非攻无以。于是为秦将而攻魏。魏使公子卬将而当之。公孙鞅之居魏也，固善公子卬。使人谓公子卬曰：“凡所为游而欲贵者，以公子之故也。今秦令鞅将，魏令公子当之，岂且忍相与战哉？公子言之公子之主，鞅请亦言之主，而皆罢军。”于是将归矣，使人谓公子曰：“归未有时相见，愿与公子坐而相去别也。”公子曰：“诺。”魏吏争之曰：“不可。”公子不听，遂相与坐。公孙鞅因伏卒与车骑以取公子卬。秦孝公薨，惠王立，以此疑公孙鞅之行，欲加罪焉。公孙鞅以其私属与母归魏，襄疵不受，曰：“以君之反公子卬也，吾无道知君。”故士自行不可不审也。（《吕氏春秋·慎行论·无义》）

轻罪重罚

商鞅的法令是轻罪重罚。重刑之下，人们就不敢触犯法令了；而小小过失则是容易改掉的。使人们改掉容易犯的小错，不去触犯重刑，这合乎治理国家的原则。既然小错不犯，大罪也就没有了。这样一来，人们就不再犯罪，祸乱也就不会产生了。

【出处】

公孙鞅之法也重轻罪。重罪者，人之所难犯也；而小过者，人之所易去也。使人去其所易，无离其所难，此治之道。夫小过不生，大罪不至，是人无罪而乱不生也。(《韩非子·内储说上七术第三十》)

车裂商君

秦孝公以商鞅新法治国，富国强兵。新法实行八年之后孝公病重，提出将王位传给商鞅，商鞅辞谢不受。五个月之后孝公去世，太子继位，这就是秦惠王。商鞅执法苛刻严峻，曾经处罚太子的两位老师，很担心惠王打击报复。公子虔的党徒趁机告发商君谋反，惠王于是派人抓捕商鞅。商鞅想逃往魏国，到达边境关口想住旅店，旅店的主人拒绝接待说："商君有令，住店的人没有证件店主要连带判罪。"商鞅叹息说："我这是为自己的法令所害啊。"商鞅终于逃到魏国，但是魏国人恨他欺骗公子卬而打败魏军，拒绝收留，并把他送还秦国。最终商鞅在咸阳遭受"车裂"之刑。

【出处】

卫鞅亡魏入秦，孝公以为相，封之于商，号曰商君。商君治秦，法令至行，公平无私，罚不讳强大，赏不私亲近，法及太子，黥劓其傅。期年之后，道不拾遗，民不妄取，兵革大强，诸侯畏惧。然刻深寡恩，特以强服之耳。孝公行之八年，疾且不起，欲传商君，辞不受。(《战国策·秦一》)

后五月而秦孝公卒，太子立。公子虔之徒告商君欲反，发吏捕商君。商君亡至关下，欲舍客舍。客人不知其是商君也，曰："商君之法，舍人无验者坐之。"商君喟然叹曰："嗟乎，为法之敝一至此哉！"去之魏。魏人怨其欺公子卬而破魏师，弗受。商君欲之他国。魏人曰："商君，秦之贼。秦强而贼入魏，弗归，不可。"遂内秦。商君既复入秦，走商邑，与其徒属发邑兵北出击郑。秦发兵攻商君，杀之于郑黾池。秦惠王车裂商君以徇，曰："莫如商鞅反者！"遂灭商君之家。（《史记·秦本纪》）

侏儒间谍

秦国派到楚国的玩偶侏儒得到楚王的喜欢，侏儒暗中结交楚王的左右侍从，碰上楚国有什么风吹草动，侏儒常常预先知道，于是把消息传递给秦惠王。

【出处】

秦侏儒善于荆王，而阴有善荆王左右而内重于惠文君。荆适有谋，侏儒常先闻之以告惠文君。（《韩非子·内储说下六微第三十一》）

天下雄国

苏秦采取连横策略曾经到秦国游说秦惠王说："秦国西有巴、蜀、汉中等地的富饶物产，北有来自胡人地区的贵重兽皮与代地良马，南有巫山、黔中等天然屏障，东有崤山、函谷关等坚固要塞。土地肥沃，民殷国富；战车万辆，壮士百万；沃野千里，资源丰富，积蓄充足；地势险要，能攻易守。正是天下公认的'天府之国'。凭着天时地利人和，大王完全有把握一统天下。希望大王允许苏秦陈述自己的方略。"秦惠王说："寡人听说，鸟儿羽翼未丰不能高飞，国家法令不完备不能行刑罚，德行不高的君主不可统治万民，政策教化不顺不可以号令大臣。如今先生不远千里来当面赐教，一定累了，改日再说吧！"秦惠王认为秦国称霸天下的条件还不成熟，因而连横的需求也不迫切。苏秦一连上了十数次奏章，秦王均不为所动。苏秦只得重返洛阳，悬梁刺股，发愤苦读，转攻合纵之术。后来赵王封他为武安君，授以相印，让他赴各国约定合纵，拆散连横，以此压制强秦。

【出处】

苏秦始将连横，说秦惠王曰："大王之国，西有巴、蜀、汉中之利，北有胡貉、代马之用，南有巫山、黔中之限，东有肴、函之固。田肥美，民殷富，战车万乘，奋击百万，沃野千里，蓄积饶多，地势形便，此所谓天府，天下之雄国也。以大王之贤，士民之众，车骑之用，兵法之教，可以并诸侯，吞天下，称帝而治。愿大王少留意，臣请奏其效。”秦王曰：“寡人闻之，毛羽不丰满者，不可以高飞；文章不成者，不可以诛罚；道德不厚者，不可以使民；政教不顺者，不可以烦大臣。今先生俨然不远千里而庭教之，愿以异日。”说秦王书十上而说不行。黑貂之裘弊，黄金百斤尽，资用乏绝，去秦而归。羸縢履蹻，负书担橐，形容枯槁，面目犁黑，状有归色。归至家，妻不下纴，嫂不为炊，父母不与言。苏秦喟然叹曰：“妻不以我为夫，嫂不以我为叔，父母不以我为子，是皆秦之罪也。”乃夜发书，陈箧数十，得太公《阴符》之谋，伏而诵之，简练以为揣摩。读书欲睡，引锥自刺其股，血流至足。曰：“安有说人主不能出其金玉锦绣，取卿相之尊者乎？”期年，揣摩成，曰：“此真可以说当世之君矣。”于是乃摩燕乌集阙，见说赵王于华屋之下，抵掌而谈。赵王大悦，封为武安君。受相印，革车白乘，锦绣千纯，白璧百双，黄金万溢，以随其后，约从散横，以抑强秦。（《战国策·秦一》）

伐蜀完秦

秦惠王时，蜀国发生内乱，自相攻伐，向秦国告急。秦惠王想出兵蜀国，但觉得道路险峻，军队行进困难，又担心韩国会乘虚而入，于是征求张仪和司马错的意见。张仪主张攻打韩国，说：“蜀国不过是西方的僻远小国，跟戎狄蛮族没什么两样，出兵讨伐蜀国并不能增强秦国的声威，占领蜀国的地盘也不能让秦国得到多少好处。臣听说应该到朝廷上争名，到市场上争利，如今的周王朝，就是天下的朝廷和市场，大王却舍弃周室而图谋戎狄之邦，这不符合统一天下的思路啊。”司马错反驳说：“不是这样的。臣下听说，要想国家富裕必须致力于开疆拓土，要想国家强大必须使百姓富足，要想称霸为王就必须广布仁德。如果这三样都能做到，称霸为王的时机也就到了。蜀国地处偏远，内乱频仍，出兵蜀国就好比豺狼追逐绵羊，而且此举既能得到蜀国的财富，又可得到平定祸乱的美名。假如攻打韩国进而劫持天子，那就是背负恶名，而且也未必能得到实惠。背负不仁不义的恶名，攻打天下人都不想攻打的对象，哪里比得上进攻蜀国万无一失呢。”秦惠王说：“您说得对，就按您说的办。”于是派兵进攻蜀国。平定后把蜀王的名号降格为侯，派陈叔为相国予以控制。蜀地并入秦国版图后，秦国日益强大富足。

【出处】

秦惠王时蜀乱，国人相攻击，告急于秦。秦惠王欲发兵伐蜀，以为道险狭难至，而韩人侵秦。秦惠王欲先伐韩，恐蜀乱；先伐蜀，恐韩袭秦之弊，犹与未决。司马错与张仪争论于秦惠王之前，司马错欲伐蜀，张仪曰：“不如伐韩。”王曰：“请闻其说。”对曰：“亲魏善楚，下兵三川，塞轘辕、缑氏之口，当屯留之道，魏绝南阳，楚临南郑，秦攻新城、宜阳，以临二周之郊，诛周王之罪，侵楚、魏之地。周自知不救，九鼎宝器必出。据九鼎，按图籍，挟天子以令天下，天下莫敢不听，此王业也，今夫蜀，西僻之国而戎狄之长也，弊兵劳众不足以成名，得其地不足以为利，臣闻“争名者于朝，争利者于市”，今三川、周室，天下之朝市也，而王不争焉，顾争于戎狄，去王业远矣。”司马错曰：“不然。臣闻之，欲富者务广其地，欲强兵者务富其民，欲王者务博其德，三资者备，而王随之矣。今王地小民贫，故臣愿从事于易。夫蜀，西辟之国，而戎狄之长也，有桀、纣之乱，以秦攻之，譬如使豺狼逐群羊也。取其地足以广国也，得其财足以富民，缮兵不伤众而彼已服焉。故拔一国而天下不以为暴，利尽西海，诸侯不以为贪。是我一举而名实两附，而又有禁暴正乱之名。今攻韩劫天子，劫天子，恶名也，而未必利也，又有不义之名，而攻天下之所不欲，危！臣请谒其故：周，天下之宗室也；齐，韩、周之与国也。周自知失九鼎，韩自知亡三川，则必将二国并力合谋，以因于齐、赵，而求解乎楚、魏。以鼎与楚，以地与魏，王不能禁，此臣所谓‘危’也，不如伐蜀完秦。”惠王曰：“善。寡人听子。”卒起兵伐蜀，十月取之，遂定蜀。蜀王更号为侯，而使陈庄相蜀，蜀既属，秦益强富厚，轻诸侯，司马错之谋也。（《战国策·秦一》）

慧眼识才

张仪是魏国大夫的庶子，前往秦国游宦时路过东周。宾客中有人告诉昭文君说：“魏国人张仪很有才干，准备前往秦国游宦，您对他应该以礼相待。”昭文君于是亲自接见张仪，对他说：“听说客人要去秦国，我的国家小，不足以容留客人，如果游说秦国得不到赏识，不妨转头回来。我的国家虽小，愿与您共同掌管。”张仪跪拜称谢。临走之际，昭文君又资助钱财。张仪到秦国之后，得到秦惠王的重用，并让他做了国相。但张仪始终不忘昭文君的恩德。虽然东周是个小国，张仪对待它的礼遇却超过大国。他让秦惠王以昭文君为师。逢泽盟会诸侯时，魏王之所以给昭文君当御者，韩王之所以给昭文君当车右，其中就有秦相张仪的作用。

【出处】

张仪，魏氏馀子也。将西游于秦，过东周。客有语之于昭文君者，曰："魏氏人张仪，材士也，将西游于秦，愿君之礼貌之也。"昭文君见而谓之曰："闻客之秦，寡人之国小，不足以留客。虽游，然岂必遇哉？客或不遇，请为寡人而一归也。国虽小，请与客共之。"张仪还走，北面再拜。张仪行，昭文君送而资之。至于秦，留有间，惠王说而相之。张仪所德于天下者，无若昭文君。周，千乘也，重过万乘也。令秦惠王师之。逢泽之会，魏王尝为御，韩王为右，名号至今不忘。此张仪之力也。(《吕氏春秋·慎大览·报更》)

闭关绝约

秦国想攻打齐国，顾虑到齐、楚两国缔结了合纵盟约，于是派张仪出使楚国。楚怀王听说张仪来楚，安排上等的宾馆，亲自到宾馆迎接他说："楚国地处偏僻，条件鄙陋，您用什么来指教我呢？"张仪便游说楚王说："大王如果真要听从我的意见，就和齐国断绝往来，解除盟约，我请秦王献出商于一带六百里的土地，让秦国的女子作为服侍大王的侍妾，秦、楚之间互通婚姻，永远结为兄弟国家。这样向东可以削弱齐国，西方的秦国也能得到好处，没有比这更好的策略了。"怀王非常高兴地应允了他。

【出处】

秦欲伐齐，齐楚从亲，于是张仪往相楚。楚怀王闻张仪来，虚上舍而自馆之。曰："此僻陋之国，子何以教之？"仪说楚王曰："大王诚能听臣，闭关绝约于齐，臣请献商于之地六百里，使秦女得为大王箕帚之妾，秦楚娶妇嫁女，长为兄弟之国。此北弱齐而西益秦也，计无便此者。"楚王大说而许之。(《史记·张仪列传》)

被山带河

张仪对楚怀王说："秦国地域广阔，国土面积占天下一半，兵力与四个大国相当，周边有崇山峻岭和黄河环绕，国防坚固，宛如铜墙铁壁。还有士卒超百万，战车千辆，战马万匹，粮食堆积如山，法令严明，士卒赴汤蹈火，毫无畏惧，国君英明睿智，将帅足智多谋。如果秦国出兵，攻占恒山的险隘就像卷席一样容易。一旦控制了战略要地，诸侯中晚来臣服的必然遭灭亡。”

【出处】

张仪为秦破从连横，说楚王曰：“秦地半天下，兵敌四国，被山带河，四塞以为固。虎贲之士百余万，车千乘，骑万匹，积粟如丘山。法令既明，士卒安难乐死。主明以严，将智以武。虽无出甲，席卷常山之险，必折天下之脊，天下后服者先亡。”（《战国策·楚一》）

以国事楚

张仪想排挤樗里疾，于是假装看重他并派他出使楚国，其后又拜托楚怀王为樗里疾在秦国谋求相国的位置。而后对秦惠王说：“我看重樗里疾，派他出使楚国，是要他为秦楚两国交好出力。现在他身在楚国，楚王却为他谋求秦国的相位。有人听见他对楚王说：‘大王不是仇恨张仪，想让他在秦国陷入困境吗？让我来帮助您吧。’楚王因此为他在秦国谋求相位。如果大王听信楚王的建议任用樗里疾为相，他一定会牺牲秦国的利益去侍奉楚王的。”惠王听后非常生气，樗里疾在秦国无法立足，只好离开秦国。

【出处】

张仪之残樗里疾也，重而使之楚。因令楚王为之请相于秦。张子谓秦王曰：“重樗里疾而使之者，将以为国交也。今身在楚，楚王因为请相于秦。臣闻其言曰：‘王欲穷仪于秦乎？臣请助王。’楚王以为然，故为请相也。今王诚听之，彼必以国事楚王。”秦王大怒，樗里疾出走。（《战国策·秦一》）

割让汉中

张仪想拿汉中的土地与楚国进行利益交换，对秦惠王说：“人身上多余的赘疣应该去掉，树长在不恰当的地方，别人就会拔除；家里有不适宜的财物，很可能为主人带来伤害。汉中的南边是楚国，他们进入非常便利，但对秦国却是累赘。”甘茂提出反对意见说：“国土广袤，忧患自然多些。情况稍有不利，大王就割让汉中与楚国议和，接下来再有什么变数，大王再拿什么去与楚国做交易呢？”

【出处】

张仪欲以汉中与楚，请秦王曰：“有汉中，蠹。种树不处者，人必害之；家有不宜之财，则伤本。汉中南边为楚利，此国累也。”甘茂谓王曰：“地大者，固多忧乎！天下有变，王割汉中以为和楚，楚必畔天下而与王。王今以汉中与楚，即天下有变，王何以市楚也？”（《战国策·秦一》）

忠且见弃

张仪在秦王前面诽谤陈轸说：“陈轸奔走于楚秦之间，但楚国不见得对秦友好，却和陈轸关系亲密。如此看来，陈轸的所作所为都是为他自己，而不是为了秦国。而且陈轸正准备背叛秦国而投奔楚国，希望大王明察。”于是秦王问陈轸说：“听说你准备投奔楚国，有这回事吗？”陈轸回答说：“有这回事。”秦王问：“那么张仪所说的是真的了？”陈轸回答说：“何止张仪知道，就连路人也知道这件事。常言说：‘由于孝已孝顺他的父母，因而天下父母都希望孝已做自己的儿子；[①] 由于伍子胥忠于他的君主，因而天下君主都希望伍子胥做自己的大臣。卖仆妾时如果能卖到本乡，就说明是好仆妾；被休的妇女如果能在本乡找到婆家，说明她就是好妻子。’如果我不忠君爱国，楚王又怎么会要我做他的大臣呢？忠心耿耿尚且被遗弃放逐，我为什么不能去楚国呢？”秦王说：“贤卿言之有理。”

【出处】

张仪又恶陈轸于秦王。曰：“轸驰楚、秦之间，今楚不加善秦而善轸，然则是轸自为而不为国也。且轸欲去秦而之楚，王何不听乎？”王谓陈轸曰：“吾闻子欲去秦而之楚，信乎？”陈轸曰：“然。”王曰：“仪之言果信也。”曰：“非独仪知之也，行道之人皆知之。曰：‘孝已爱其亲，天下欲以为子；子胥忠乎其君，天下欲以为臣。卖仆妾售乎闾巷者，良仆妾也；出妇嫁于乡里者，良妇也。’吾不忠于君，楚亦何以轸为忠乎？忠且见弃，吾不之楚，何适乎？”秦王曰：“善。”乃必之也。（《战国策·秦一》）

① 孝已，殷高宗之子，著名孝子。

秦攻陉山

秦军攻打陉地，韩国不敌，于是割让南阳的土地给秦国。秦国接受土地后继续攻打陉地。陈轸对秦王说："韩国形势不利所以退却，与秦国邦交不友善所以割让土地。割让土地后邦交仍然恶化，韩军已经退却秦军仍然进攻，臣下恐怕山东六国今后不会再以退却和割让的举动来侍奉大王了。[①]况且大王在三川求取百金没有得到，在韩国求取千金很快就得到了。现在大王继续攻打韩邑，等于断绝了重要的邦交并堵塞了自己的财路，臣私下认为大王的做法颇不可取。"

【出处】

秦攻陉山，韩使人驰南阳之地。秦已驰，又攻陉，韩因割南阳之地。秦受地，又攻陉。陈轸谓秦王曰："国形不便故驰，交不亲故割。今割矣而交不亲，驰矣而兵不止，臣恐山东之无以驰割事王者矣。且王求百金于三川而不可得，求千金于韩，一旦而具。今王攻韩，是绝上交而固私府也，窃为王弗取也。"《战国策·韩一》

魏兵罢弊

楚国攻打魏国。张仪对秦王说："不如派兵支援魏国，以增强魏国的战力。如果魏国获胜，就会重新听从秦国号令，送来西河之外的土地；假如魏国战败，也就无力守住边塞，大王便可以攻取魏国。"于是秦王采纳张仪的建议，以皮氏率领一万军卒、战车一百乘支援魏将孙衍。魏国战胜楚威王率领的楚军后疲惫不堪，害怕秦国乘人之危，果然主动把西河之外的土地献给秦国。

【出处】

楚攻魏。张仪谓秦王曰："不如与魏以劲之，魏战胜，复听于秦，必入西河之外；不胜，魏不能守，王必取之。"王用仪言，取皮氏卒万人，车百乘。以与魏。犀首战胜威王，魏兵罢弊，恐畏秦，果献西河之外。(《战国策·秦一》)

---

① 山东作为地区名称，出现很早，且变化很大。春秋时期，晋国居太行山以西，称太行山以东为"山东"。战国时期则是指崤函以东地区。因秦在关中，故称崤函以东六国（楚、齐、韩、魏、赵、燕）为山东六国，或云关东六国。

卞庄子刺虎

惠王对回到秦国的陈轸说："如今韩国和魏国交战已有一年，有人对我说让他们和解有利，有人说不让他们和解有利。以先生的观点看，我该怎么办呢?"陈轸回答说："大王听说过卞庄子刺虎的故事吗？庄子就要刺杀猛虎的时候，旅馆的僮仆劝阻他说：'两只虎正在吃牛，待会儿一定会相互争夺，一争夺就会打起来，一打起来，大的就会受伤，小的就会死亡。追逐受伤的老虎然后刺杀它，就能获得刺杀双虎的名声。'卞庄于是站在一边等待。不久，两只老虎果然厮打起来，小的被咬死，大的也被咬伤。庄子杀死受伤的老虎，果然获得杀死双虎的功绩。如今韩魏交战，已经打了一年，最终的结果就是大国元气大伤，小国危亡，大王乘机攻打元气大伤的国家，就会收获两个胜利果实。这就如同庄子刺杀猛虎一样啊。"

【出处】

韩魏相攻，期年不解。秦惠王欲救之，问于左右。左右或曰救之便，或曰勿救便，惠王未能为之决。陈轸适至秦……惠王曰："善。今韩魏相攻，期年不解，或谓寡人救之便，或曰勿救便，寡人不能决，愿子为子主计之余，为寡人计之。"陈轸对曰："亦尝有以夫卞庄子刺虎闻于王者乎？庄子欲刺虎，馆竖子止之，曰：'两虎方且食牛，食甘必争，争则必斗，斗则大者伤，小者死，从伤而刺之，一举必有双虎之名。'卞庄子以为然，立须之。有顷，两虎果斗，大者伤，小者死。庄子从伤者而刺之，一举果有双虎之功。今韩魏相攻，期年不解，是必大国伤，小国亡，从伤而伐之，一举必有两实。此犹庄子刺虎之类也。臣主与王何异也。"惠王曰："善。"卒弗救。大国果伤，小国亡，秦兴兵而伐，大克之。此陈轸之计也。(《史记·张仪列传》)

美女破舌

田莘替陈轸游说秦惠王，说："我担心大王会像虢国君主那样。晋献公要攻打虢国，但是忌惮舟之侨的存在，于是采用荀息的计谋，送美女歌伎迷惑虢君。舟之侨苦谏虢君未得到采纳，于是掉头离去，结果虢国被晋国所灭。后来晋献公要攻打虞国，又忌惮宫之奇的存在，仍然采用荀息的计谋，派人去中伤宫之奇。

宫之奇离开虞国后，虞国也被晋献公攻取。现在秦国自封为王，能构成威胁的只有楚国。楚国知道横门君善于用兵，又得知陈轸足智多谋，所以重用张仪出使韩、魏、赵、燕、齐五国。张仪来秦国，必定会中伤横门君和陈轸。希望大王不要听信他的谗言。”不久，张仪果真前往秦国，向秦惠王说陈轸的坏话。秦惠王非常生气，没有采纳。

【出处】

田莘之为陈轸说秦惠王曰:“臣恐王之如郭君。夫晋献公欲伐郭,而惮舟之侨存,荀息曰:‘周书有言，美女破舌。’乃遗之女乐，以乱其政。舟之侨谏而不听，遂去。因而伐郭,遂破之。又欲伐虞,而惮宫之奇存。荀息曰:‘《周书》有言,美男破老。’乃遗之美男，教之恶宫之奇。宫之奇以谏而不听，遂亡。因而伐虞，遂取之。今秦自以为王，能害王者之国者，楚也。楚智横君之善用兵，用兵与陈轸之智，故骄张仪以五国。来，必恶是二人。愿王勿听也。”张仪果来辞，因言轸也，王怒而不听。(《战国策·秦一》)

请使张仪

秦惠王对寒泉子说：“苏秦欺人太甚，他企图凭借个人的雄辩之术，联合山东六国君主，以合纵之盟来对抗秦国。赵国原来就自负兵力雄厚，所以首先派苏秦以重礼联合诸侯订立合纵盟约。但是诸侯各怀心思，就像捆绑在一起的鸡，不能同时栖息。寡人含恨已久，想派武安君白起赴诸侯各国，对他们表明天下的大势。”寒泉子说：“这样安排不妥。如果是攻城掠地，那可以派武安君率军前往；如果是出使诸侯、为秦国争取利益，还是派张仪最好！”秦惠王说：“我听从你的意见。”

【出处】

秦惠王谓寒泉子曰：“苏秦欺寡人，欲以一人之智，反覆东山之君，从以欺秦。赵固负其众，故先使苏秦以币帛约乎诸侯。诸侯不可一，犹连鸡之不能俱止于栖之明矣。寡人忿然，含怒日久。吾欲使武安子起往喻意焉。”寒泉子曰：“不可。夫攻城堕邑，请使武安子。善我国家使诸侯，请使客卿张仪。”秦惠王曰：“受命。”(《战国策·秦一》)

腹䵍杀子

墨家有个大师腹䵍住在秦国，他的儿子杀了人。秦惠王对腹䵍说：“先生年迈，只有这一个儿子，我已经转告司法官赦他不死。先生就听从我的安排吧。”腹䵍回答说：“墨家的法律规定：‘杀人者处死，伤人者受刑。’这样规定为的是杜绝杀伤他人。严禁杀伤他人，这是天下的大义。大王虽然对我开恩，腹䵍却不能践踏墨家的法律。”腹䵍没有接受惠王的恩惠，最终处死了自己的儿子。儿子是人们所偏爱的。墨家大师腹䵍忍心杀掉自己心爱的儿子去遵行天下大理，可算是公正无私了。

【出处】

墨者有钜子腹䵍，居秦，其子杀人，秦惠王曰：“先生之年长矣，非有他子也，寡人已令吏弗诛矣，先生之以此听寡人也。”腹䵍对曰：“墨者之法曰：‘杀人者死，伤人者刑。’此所以禁杀伤人也。夫禁杀伤人者，天下之大义也。王虽为之赐，而令吏弗诛，腹䵍不可不行墨子之法。”不许惠王，而遂杀之。子，人之所私也。忍所私以行大义，钜子可谓公矣。（《吕氏春秋·孟春纪·去私》）

听言求善

墨家学派的谢子准备到秦国拜见秦惠王。惠王向秦国墨家学派的唐姑果打听谢子的情况。唐姑果担心秦王亲近谢子甚过自己，便回答说：“谢子是东方能言善辩的人，为人狡诈，他这次来，一定会竭力游说太子，以博得太子的欢心。”秦王于是对谢子有了成见，谢子到了秦国，游说秦王的意见都没有得到采用。谢子很不高兴，于是告辞而去。如果是好的建议，即便博得太子的欢心又有什么损害？如果是不好的建议，即便没能博得太子的欢心又有什么益处？不是通过他的建议好坏而判断他的才能，只是以为他想博得太子的欢心而认定他悖逆，惠王已经丧失了听取意见的目的。人上了一定年纪，身体越来越衰退，智慧会越来越长进。惠王已到老年，难道身体和智慧都已衰竭了吗？

【出处】

东方之墨者谢子，将西见秦惠王。惠王问秦之墨者唐姑果。唐姑果恐王之亲谢子贤于已也，对曰：“谢子，东方之辩士也。其为人甚险，将奋于说，以取少主也。”王因藏怒以待之。谢子至，说王，王弗听。谢子不说，遂辞而行。凡听言以求善也，所言苟善，虽奋于取少主，何损？所言不善，虽不奋于取少主，何益？不以善为之悫，而徒以取少主为之悖，惠王失所以为听矣。用志若是，见客虽劳，耳目虽弊，犹不得所谓也。此史定所以得行其邪也，此史定所以得饰鬼以人、罪杀不辜，群臣扰乱，国几大危也。人之老也，形益衰而智益盛。今惠王之老也，形与智皆衰邪？（《吕氏春秋·先识览·去宥》）

魏效上洛

楚、魏两军在陉山交战。魏国许诺把上洛的土地送给秦国，以此断绝秦楚联合。魏国取胜后，秦国向魏国索要土地，魏国却不肯兑现承诺。营浅对秦王说：“大王何不对楚王说，魏国曾经答应送给秦国土地，如今取胜却不肯兑现承诺。楚王不妨与我国会盟一次。如此一来，魏国害怕秦楚联合，一定会把土地送给秦国。这样魏国虽然得胜，却把土地割让给了秦国。这也相当于楚王把魏国的土地赠予了秦国，秦国也将给予楚国丰厚的回报。魏国实力较弱，若不交出土地，楚国就去进攻他们的南部，我们则从西部发起进攻，魏国就危险了。”秦王于是派人把这番话告诉楚王。于是楚王扬言要与秦国结盟。魏王听到这件事，立即将上洛送给了秦国。

【出处】

楚、魏战于陉山。魏许秦以上洛，以绝秦于楚。魏战胜，楚败于南阳。秦责赂于魏，魏不与。营浅谓秦王曰：“王何不谓楚王曰，魏许寡人以地，今战胜，魏王倍寡人也。王何不与寡人遇。魏畏秦、楚之合，必与秦地矣。是魏胜楚而亡地于秦也；是王以魏地德寡人，秦之楚者多资矣。魏弱，若不出地，则王攻其南，寡人绝其西，魏必危。”秦王曰：“善。”以是告楚。楚王扬言与秦遇，魏王闻之恐，效上洛于秦。（《战国策·秦四》）

失宠自保

秦武王做太子时就不喜欢张仪，继承王位后，很多大臣在他面前说张仪的坏话，齐国也派人来责备张仪。张仪害怕被杀，趁机对武王说：“我有个不成熟

听言求善

的计策，希望献给大王。”武王说：“什么计策?”张仪回答说：“齐王特别憎恨我，只要我在哪个国家，一定会出动军队讨伐。如果我回到魏国，齐国必然出动军队攻打魏国。这时秦国就可以乘魏国和齐国交战之机攻打韩国，兵临周都，挟持天子，掌握天下的地图户籍，从而成就帝王的功业。”武王认可了张仪的计谋，于是安排 30 辆兵车将张仪送往魏国。齐王果然出动军队攻打魏国，张仪对魏王说：“大王不要担忧，我自有计策让齐国罢兵。”于是派遣门客冯喜到楚国，借用楚国的使臣对齐王说：“大王特别憎恨张仪，眼下的做法却是让张仪在秦国有所依托啊。”齐王追问缘由。于是使臣将张仪献给秦武王的计策和盘托出，齐王听说后便放弃了攻打魏国的打算。张仪出任魏相一年后，就死在魏国了。

【出处】

武王自为太子时不说张仪，及即位，群臣多谗张仪曰：“无信，左右卖国以取容。秦必复用之，恐为天下笑。”诸侯闻张仪有却武王，皆畔衡，复合从。秦武王元年，群臣日夜恶张仪未已，而齐让又至。张仪惧诛，乃因谓秦武王曰：“仪有愚计，愿效之。”王曰：“奈何?”对曰：“为秦社稷计者，东方有大变，然后王可以多割得地也。今闻齐王甚憎仪，仪之所在，必兴师伐之。故仪愿乞其不肖之身之梁，齐必兴师而伐梁。梁齐之兵连于城下而不能相去，王以其间伐韩，入三川，出兵函谷而毋伐，以临周，祭器必出。挟天子，按图籍，此王业也。”秦王以为然，乃具革车三十乘，入仪之梁。齐果兴师伐之。梁哀王恐。张仪曰：“王勿患也，请令罢齐兵。”乃使其舍人冯喜之楚，借使之齐，谓齐王曰：“王甚憎张仪；虽然，亦厚矣王之托仪于秦也！”齐王曰：“寡人憎仪，仪之所在，必兴师伐之，何以托仪?”对曰：“是乃王之托仪也。夫仪之出也，固与秦王约曰：‘为王计者，东方有大变，然后王可以多割得地。今齐王甚憎仪，仪之所在，必兴师伐之。故仪愿乞其不肖之身之梁，齐必兴师伐之。齐梁之兵连于城下而不能相去，王以其间伐韩，入三川，出兵函谷而无伐，以临周，祭器必出。挟天子，案图籍，此王业也。’秦王以为然，故具革车三十乘而入之梁也。今仪入梁，王果伐之，是王内罢国而外伐与国，广邻敌以内自临，而信仪于秦王也。此臣之所谓‘托仪’也。”齐王曰：“善。”乃使解兵。张仪相魏一岁，卒于魏也。(《史记 · 张仪列传》)

张仪之仇

秦惠王死后，公孙衍想排挤张仪。李仇对公孙衍说：“你不如把甘茂从魏国召回来，把公孙显从韩国召回来，在秦国重新起用樗里子。这三个人都是张仪的仇人，你任用他们，诸侯们一定会明白张仪在秦国待不下去了。”

【出处】

秦惠王死，公孙衍欲穷张仪。李仇谓公孙衍曰：“不如召甘茂于魏，召公孙显于韩，起樗里子于国。三人者，皆张仪之仇也，公用之，则诸侯必见张仪之无秦矣！”（《战国策·秦二》）

息壤在彼

秦武王派甘茂率兵联合魏国攻打韩国。甘茂做通魏国的工作后，委托向寿回复武王，请求放弃攻打韩国。武王到息壤接见甘茂，询问缘由。甘茂回答说：“宜阳是个大县，上党、南阳战备物资充裕，秦军远行千里攻韩，取胜有很大的困难。从前，曾参住在费邑的时候，鲁国有个与他同姓同名的人杀了人，有人告诉曾参母亲说‘曾参杀了人’，他母亲正在织布，神情泰然自若。过了一会儿，又有人来告诉他母亲说‘曾参杀了人’，他母亲还是继续织布神情不变。不一会，又有人进来告诉他母亲说‘曾参杀了人’，他母亲扔下梭子，走下织布机翻墙逃跑了。以曾参的贤德和他母亲的信任，尚且在三个人的质疑下动摇了他母亲的意志。现在我的贤能比不上曾参，大王对我的信任也不如曾参的母亲对曾参的信任，况且怀疑我的人也绝非三个，我担心大王也会像曾母投梭一样怀疑我啊。我只是旅居贵国的客人，如果樗里子和公孙奭心里向着韩国来进谏，他们的意见大王一定采纳，这样一来，大王就欺骗了魏国，而我也要遭到韩国的怨恨。”武王说：“不会的，请让我跟您盟誓。”于是在息壤订立盟约，让甘茂带兵攻打宜阳。5个月还没攻下宜阳，樗里子和公孙奭果然在武王面前非议甘茂。武王想召回甘茂，甘茂说：“息壤就在那里，您可不要忘记。”武王记起当初的盟誓，于是调集全部兵力，让甘茂加紧进攻，终于拿下宜阳。韩襄王派公仲侈到秦国谢罪，同秦国议和。

【出处】

秦武王三年，谓甘茂曰：“寡人欲车通三川，以窥周室，而寡人死不朽矣。”甘茂曰：“请之魏，约以伐韩，而令向寿辅行。”甘茂至，谓向寿曰：“子归，言之于王曰‘魏听臣矣，然愿王勿伐’。事成，尽以为子功。”向寿归，以告王，王迎甘茂于息壤。甘茂至，王问其故。对曰：“宜阳，大县也，上党、南阳积之久矣。名曰县，其实郡也。今王倍数险，行千里攻之，难。昔曾参之处费，费人有与曾参同姓名者杀人，人告其母曰‘曾参杀人’，其母织自若也。顷之，一人又告之曰‘曾参杀人’，其母尚织自若也。顷又一人告之曰‘曾参杀人’，其母投杼下机，逾墙而走。夫以曾参之贤与其母信之也，三人疑之，其母惧焉。今臣之贤不若曾参，王之信臣又不如曾参之母信著参也，疑臣者非特三人，臣恐大王之投杼也。始张仪西并巴蜀之地，北取西河之外，南取上庸，天下不以多张子而以贤先王。魏文侯令乐羊将而攻中山，三年而拔之。乐羊返而论功，文侯示之谤书一箧。乐羊再拜稽首曰：‘此非臣之功也，主君之力也。’今臣，羁旅之臣也。樗里子、公孙奭二人者挟韩而议之，王必听之，是王欺魏王而臣受公仲侈之怨也。”王曰：“寡人不听也，请与子盟。”卒使丞相甘茂将兵伐宜阳。五月而不拔，樗里子、公孙奭果争之。武王召甘茂，欲罢兵。甘茂曰：“息壤在彼。”王曰：“有之。”因悉起兵，使甘茂击之。斩首六万，遂拔宜阳。韩襄王使公仲侈入谢，与秦平。（《史记·樗里子甘茂列传》）

无伐之日

甘茂率兵攻打宜阳，三次击鼓进军而士兵不肯冲锋。秦国的右将军尉对说：“您不用兵法指挥作战，肯定会陷入困境。”甘茂说：“我客居秦国而为秦相，因进军宜阳而得秦王信任。现在宜阳攻不下来，公孙衍和樗里疾在国内诋毁我，因攻打韩国公仲侈在国外诽谤我，我已经没有退路。如果明天还不能拿下宜阳，就以宜阳之郊作为我的葬身之地吧。”于是拿出自己的全部钱财作为嘉奖。第二天再次击鼓进攻，终于攻克宜阳。

【出处】

甘茂攻宜阳，三鼓之而卒不上。秦之右将有尉对曰：“公不论兵，必大困。”甘茂曰：“我羁旅而得相秦者，我以宜阳饵王。今攻宜阳而不拔，公孙衍、樗里疾挫我于内，而公中以韩穷我于外，是无伐之日已！请明日鼓之而不可下，因以宜阳之郭为墓。”于是出私金以益公赏。明日鼓之，宜阳拔。（《战国策·秦二》）

韩楚相御

宜阳战役的时候，楚国背叛秦国而与韩国联合。秦王有些害怕，甘茂说："楚国虽然与韩国联合，但绝不会替韩国出兵攻打秦国。韩国也怕攻打秦国的时候，楚国在后面乘机发难。因此韩国和楚国必然互相观望。楚国虽然声称与韩国联合，却不会对秦国构成多大威胁。我认为，楚国与韩国之间将会互相牵制，相互制约。"

【出处】

宜阳之役，楚畔秦而合于韩。秦王惧。甘茂曰："楚虽合韩，不为韩氏先战；韩亦恐战而楚有变其后。韩、楚必相御也。楚言与韩，而不余怨于秦，臣是以知其御也。"（《战国策·秦二》）

九鼎之功

秦韩宜阳之战的时候，秦人杨达对公孙显[1]说："请让我率领五万军队为您去攻打西周，攻取了，就可以用得到九鼎的功劳抑制甘茂；反之，天下诸侯憎恶秦国攻打西周这件事，一定会紧急驰援韩国，那么甘茂攻韩一定会失败。"

【出处】

宜阳之役，杨达谓公孙显曰："请为公以五万攻西周，得之，是以九鼎抑甘茂也。不然，秦攻西周，天下恶之，其救韩必疾，则茂事败矣。"（《战国策·韩一》）

弱者来使

秦王对甘茂说："楚国派来的使者大都能言善辩，与我争论问题，多次说得我理屈辞穷，该怎样应对他们呢？"甘茂回答说："大王不用发愁。那些能言善辩的人出使秦国，大王不要理睬他们的意见；那些不擅言辞的人来出使，大王就尽量表示尊重。这样，不擅言辞的人受到重用，能言善辩的人被弃用，大王就可以控制他们了。"

① 公孙显、公孙衍、公孙奭，公孙郝、公孙赫、犀首，实为一人。

【出处】

秦王谓甘茂曰："楚客来使者多健，与寡人争辞，寡人数穷焉，为之奈何？"甘茂对曰："王勿患也！其健者来使者，则王勿听其事；其需弱者来使，则王必听之。然则需弱者用，而健者不用矣！王因而制之。"（《战国策·秦二》）

得志于魏

张仪想借秦国的兵力去救援魏国。左成对甘茂说："你不如借兵给他。如果秦军伤亡重，魏国不能归还全部秦兵，张仪怕受惩处就不敢返回秦国。如果获胜，魏国归还全部秦兵，张仪就会因功在魏国得志。那时，他也会担忧秦国怀疑他忠于魏国而不敢返回秦国了。张仪身在秦国，对你的地位始终都是威胁。"

【出处】

张仪欲假秦兵以救魏。左成谓甘茂曰："子不如予之。魏不反秦兵，张子不反秦。魏若反秦兵，张子得志于魏，不敢反于秦矣。张子不去秦，张子必高子。"（《战国策·秦一》）

犀首之泄

甘茂担任秦国国相。秦武王喜欢公孙衍（犀首），有意任命他为国相，于是私下里对公孙衍说："我将任命你为国相。"甘茂的手下得知这一消息，立即报告甘茂。甘茂于是去见秦武王说："大王得到了贤能的国相，特来向您表示祝贺。"秦王说："我把国家托付给你，怎么又说得了贤相呢？"甘茂回答说："大王不是准备任命犀首为国相吗？"秦武王说："你从哪里听到的消息？"甘茂说。"是犀首自己告诉我的。"武王对犀首泄露消息很是恼火，于是派人将他驱逐出境。

【出处】

甘茂相秦。秦王爱公孙衍，与之间有所立，因自谓之曰："寡人且相子。"甘茂之吏道而闻之，以告甘茂。甘茂因入见王曰："王得贤相，敢再拜贺。"王曰："寡人托国于子，焉更得贤相？"对曰："王且相犀首。"王曰："子焉闻之？"对曰："犀首告臣。"王怒于犀首之泄也，乃逐之。（《战国策·秦二》）

使魏制和

甘茂联合秦、魏两国攻打楚国。在秦国担任国相的楚国人屈盖，替楚国向秦国讲和，于是秦国开启边关接受楚国的使者。甘茂对秦王说："秦国受楚国的利诱而不让魏国出面主持和议，楚国人一定会对魏国说：'秦国出卖了魏国。'魏国不高兴就会和楚国联合，楚、魏两国结成联盟，秦国就会受到伤害。大王不如让魏国出面主持和议，魏国人感到高兴，就不会憎恨大王，大王得到的实惠就更多了。"

【出处】

甘茂约秦、魏而攻楚。楚之相秦者屈盖，为楚和于秦，秦启关而听楚使。甘茂谓秦王曰："怵于楚而不使魏制和，楚必曰'秦鬻魏'。不悦而合于楚，楚、魏为一，国恐伤矣。王不如使魏制和，魏制和必悦。王不恶于魏，则寄地必多矣。"（《战国策·秦二》）

各有短长

甘茂出使齐国去游说齐王，走了几天，来到一条大河边。由于无法渡河，甘茂只好求助于船夫。船夫对甘茂说："这条河只不过是一条小溪而已，您都不能靠自己的本事渡过去，还怎么能替国君充当说客呢？"甘茂反驳船夫说："您说的并不对呀。您不了解世上的万事万物，它们各有各的道理，各有各的规律，各有各的长处，也各有各的短处。比方说，兢兢业业的人忠厚老实，他可以辅佐君王，但却不能替君王带兵打仗；千里马日行千里，为天下骑士所看重，可是把它放在室内捕捉老鼠，那它还不如一只小猫顶用。宝剑干将，是天下少有的宝物，它锋利无比削铁如泥，可是让木匠拿去砍木头的话，还比不上一把普通的斧头。就像你我，要说抡桨划船，在江上行驶，我的确远远比不上您；可是若论出使大小国家，游说各国君主，你就比不上我了。"

【出处】

甘茂使于齐，渡大河。船人曰："河水间耳，君不能自渡，能为王者之说乎？"甘茂曰："不然，汝不知也。物各有短长，谨愿敦厚，可事主不施用兵；骐骥、騄耳，足及千里，置之宫室，使之捕鼠，曾不如小狸；干将为利，名闻天下，匠以治木，不如斤斧。今持楫而上下随流，吾不如子；说千乘之君，万乘之主，子亦不如茂矣。”（《说苑·杂言》）

许楚汉中

宜阳战事呈胶着状态时，冯章对秦武王说：“不攻克宜阳，韩、楚两国就会联合起来，乘我国疲惫之时进攻我国。大王不如许诺把汉中割让给楚国，以此博得楚国的欢心。楚国得到好处，心里高兴，自然不会进攻我国，韩国孤立无援，对我们就无可奈何了。”武王说：“很好。”于是派冯章出使楚国，答应把汉中让给楚国。韩国果然陷入孤立，秦国加紧进攻，终于攻下宜阳。之后听说楚怀王要来秦国索取汉中，冯章就对秦武王说：“大王请让我逃离秦国，这样您就可以对楚王说：我本来就没答应给楚王土地。”

【出处】

宜阳之役，冯章谓秦王曰：“不拔宜阳，韩、楚乘吾弊，国必危矣！不如许楚汉中以欢之。楚欢而不进，韩必孤，无奈秦何矣！”王曰：“善。”果使冯章许楚汉中，而拔宜阳。楚王以其言责汉中于冯章，冯章谓秦王曰：“王遂亡臣，固谓楚王曰：‘寡人固无地而许楚王。’”（《战国策·秦二》）

行百里者半于九十

有人提醒秦武王说：“臣私下十分疑惑，大王何以轻视齐、楚，视韩国为奴仆？臣听过这样的话，胜而不骄是王者作为，主盟而不急躁是霸主胸襟。现在大王很看重和魏、赵两国的关系，不惜广施恩德，却轻视与齐国的交往，这可是骄傲的表现；取得宜阳大捷就疏远楚国，这是忿恨作祟。骄忿是难以成就霸业的，还请大王三思。《诗经》上说：‘做任何事情都有开头，但很少能善始善终。’过去智伯瑶灭掉范氏、中行氏，又围攻晋阳灭赵，最终失败而被韩、赵、魏三家所笑；吴王夫差围越王句践于会稽山，在艾陵一役大败齐国，成为黄池盟会的主持，最后还是被句践所擒，死于干隧；魏惠王当年盛极一时，伐楚胜齐，屈韩服赵，邀十二家诸侯在孟津朝见天子，后来太子死于马陵，自己素衣布冠为齐所囚。智伯、夫差、魏惠王当初均建立赫赫战功，只因不能将谨慎贯彻始终，才招致后来的惨败。现在秦国霸势日显，大王若能兢兢业业，不骄不躁，王霸之业指日而待，否则天下有识之士都会预言大王将步夫差、智伯瑶的后尘。《诗》说：‘走一百里路，即使走了九十里还只是走了一半。’因为最后一段的道路是最为艰难的。方今天下之势，诸侯各国不是联合起来对付楚国，就是并力对抗秦国。秦人援魏抗楚，楚人援韩抗秦，只因势均力敌，所以相持不下。而燕、赵、齐三国置身四国之外，就显得举足轻重。可以断言，秦、楚两国谁先争取到这三国的支持，谁就能获得最后的成功。秦国若能争得三家外援，就能遏制削弱韩国；韩国受到遏制，楚国因孤立无援必然遭到打击；假如楚国先得到齐国的援助，魏国就会衰败，秦国就会陷入孤立而受到攻击。臣据此认为，秦、楚两国必有一方遭受败亡，成为天下人的笑柄。”

【出处】

谓秦王曰：“臣窃惑王之轻齐、易楚，而卑畜韩也。臣闻王兵胜而不骄，伯主约而不忿。胜而不骄，故能服世；约而不忿，故能从邻。今王广德魏、赵而轻失齐，骄也；战胜宜阳，不恤楚交，忿也。骄忿非伯主之业也。臣窃为大主虑之而不取也。《诗》云：‘靡不有初，鲜克有终。’[①]故先王之所重者，唯始与终。何以知其然？昔智伯瑶残范、中行，围逼晋阳，卒为三家笑；吴王夫差栖越于会稽，胜齐于艾陵，为黄池之遇，无礼于宋，遂与句践禽，死于干隧；梁君伐楚，胜齐，制赵、韩之兵，驱十二诸侯以朝天子于孟津，后子死，身布冠而拘于齐。三者非无功也，能始而不能终也。今王破宜阳，残三川，而使天下之士不敢言，雍天下之国，徙西周之疆，而世主不敢交；塞阳侯，取黄棘，而韩、楚之兵不敢进。王若能为此尾，则三王不足四，五伯不足六；王若不能为此尾，而有后患，则臣恐诸侯之君，河、济之士，以王为吴、智之事也。《诗》云：‘行百里者，半于九十。’此言末路之难。今大王皆有骄色，以臣之心观之，天下之事，依世主之心，非楚受兵，必秦也。何以知其然也？秦人援魏以拒楚，楚人援韩以拒秦。四国之兵敌而未能复战也。齐、宋在绳墨之外以为权，故曰先得齐、宋者伐秦。秦先得齐、宋，则韩氏铄，韩氏铄，则楚孤而受兵也。楚先得之，则魏氏铄，魏氏铄，则秦孤而受兵矣。若随此计而行之，则两国者必为天下笑矣。”（《战国策·秦五》）

① 靡不有初，鲜克有终。出自《诗经·大雅·荡》。

一举而亡国

医生扁鹊去见秦武王，武王向他讲述自己的病情，扁鹊建议及早医治。武王身边的侍臣提出异议说："君王的病在耳朵的前面，眼睛的下面，医治也未必能够根治，弄不好就会导致耳聋眼瞎啊。"武王把这些话告诉扁鹊，扁鹊听了非常生气，把治病的器械扔在地上说："君王同懂医术的人商量治病，却又让不懂医术的人干扰治疗。就凭这个也能知道大王的治政水平了。这样下去，大王随时都有亡国的危险。"①

【出处】

医扁鹊见秦武王，武王示之病，扁鹊请除。左右曰："君之病在耳之前，目之下，除之未必已也，将使耳不聪，目不明。"君以告扁鹊。扁鹊怒而投其石曰："君与知之者谋之，而与不知者败之。使此知秦国之政也，则君一举而亡国矣。"（《战国策·秦二》）

举鼎绝膑

武王孔武有力，喜欢竞技斗力，力士任鄙、乌获、孟说受宠，都做了大官。武王与孟说举鼎，折断肋骨，因内脏出血而死，年仅 23 岁。孟说一族因而遭诛。武王娶魏国女子为后，没有儿子。立武王的异母弟为君，就是昭襄王。

【出处】

武王有力好戏，力士任鄙、乌获、孟说皆至大官。王与孟说举鼎，绝膑。八月，武王死。族孟说。武王取魏女为后，无子。立异母弟，是为昭襄王。（《史记·秦本纪》）

不如为仆

秦武王让甘茂在主管君主车马的仆官以及主管传达君命的行事官中选择一

① 《史记·扁鹊仓公列传》：秦太医令李醯自知技不如扁鹊也，使人刺杀之。至今天下言脉者，由扁鹊也。

种。孟卯说："您不如做仆官。您所擅长的是做使者。即使做了仆官，君主仍然会把使者的职事交给您。您佩带着仆官的印信，又做着行事官的事，这就兼有两种官职了。"

【出处】

秦武王令甘茂择所欲为于仆与行事，孟卯曰："公不如为仆。公所长者，使也，公虽为仆，王犹使之于公也。公佩仆玺而为行事，是兼官也。"（《韩非子·说林上第二十二》）

秦王大怒

韩国相国公仲侈因为宜阳之战而仇视甘茂。后来秦国把武遂归还给了韩国。秦王怀疑甘茂想用归还武遂来消解公仲侈的怨恨。这时杜赫趁机对秦王说："公仲希望通过甘茂来侍奉大王。"秦王因此对甘茂十分恼怒。樗里疾与甘茂有矛盾，因而对杜赫十分赞赏。

【出处】

公仲以宜阳之故，仇甘茂。其后，秦归武遂于韩，已而，秦王固疑甘茂之以武遂解于公仲也。杜赫为公仲谓秦王曰："明也愿因茂以事王。"秦王大怒于甘茂，故樗里疾大说杜赫。（《战国策·韩一》）

江上处女

昭襄王继位后，甘茂被迫出逃，来到齐国。出函谷关之后，甘茂遇见苏代，对他说："您听说过江上处女的故事吗？"苏代说："没有。"甘茂说："江上住着一帮女孩，有个女孩家里非常贫穷，买不起蜡烛。女孩们在一起商量，想撵走她。买不起蜡烛的女孩说：'我因为没有蜡烛，所以常常先到，到了之后便收拾房间，打扫清洁。你们何必吝惜映照四壁的那点余光？赐一点余光给我，对你们有什么妨碍？我自认为对你们还有点用处，为什么一定要赶走我呢？'女孩们商量以后，认为她说得对，就把她留下来了。在下不才，被秦国驱逐出关。我愿意像那穷女孩一样为您收拾房间，打扫清洁，希望不要将我撵走。"苏代说："好吧，我会设法让齐王重用您。"苏代西入关中，游说秦王说："甘茂很有才干，在秦国一直受到重用。他对秦国的地形地貌，从崤山直至溪谷了如指掌。万一他凭借齐国，联合韩、魏来图谋秦国，秦国将非常不利啊。”秦王说：“那怎么办呢?”苏代说：“您不如多备厚礼，许以高位重金聘他回国，再把他软禁在槐谷直至终老，这样诸侯就无以凭借了。”秦王于是承诺授以上卿的高位，让使者拿着相印到齐国迎接甘茂。甘茂推辞不行。苏代于是返回齐国，替他对齐王说：“甘茂是个贤能的人，秦王给他上卿的高位，拿着相印想迎接他回国高就。但甘茂感激齐王的恩德不肯离去，他很愿意做大王的臣子。以甘茂的才能，如果让他统帅强秦的军队，齐国就很难图谋秦国了。”齐王于是也赐甘茂为上卿，让他留在齐国。

【出处】

甘茂亡秦且之齐，出关遇苏子，曰:“君闻夫江上之处女乎?”苏子曰:“不闻。”曰:“夫江上之处女，有家贫而无烛者，处女相与语，欲去之。家贫无烛者将去矣，谓处女曰:‘妾以无烛，故常先至，扫室布席，何爱余明之照四壁者?幸以赐妾，何妨于处女?妾自以有益于处女，何为去我?’处女相语以为然而留之。今臣不肖，弃逐于秦而出关，愿为足下扫室布席，幸无我逐也。”苏子曰:“善。请重公于齐。”乃西说秦王曰:“甘茂，贤人，非恒士也。其居秦累世重矣，自殽塞、谿谷，地形险易尽知之。彼若以齐约韩、魏，反以谋秦，是非秦之利也。”秦王曰:“然则奈何?”苏代曰:“不如重其贽、厚其禄以迎之。彼来则置之槐谷，终身勿出，天下何从图秦。”秦王曰:“善。”与之上卿，以相迎之齐。甘茂辞不往。苏秦为谓王曰:“甘茂，贤人也。今秦与之上卿，以相迎之，茂德王之赐，故不往，愿为王臣。今王何以礼之?王若不留，必不德王。彼以甘茂之贤，得擅用强秦之众，则难图也!”齐王曰:“善。”赐之上卿，命而处之。(《战国策·秦二》)

仰首不朝

楚怀王因为怨恨从前秦国在丹阳攻打楚国时韩国坐视不救，于是带兵围攻韩国雍氏。韩王派公仲侈到秦国告急求援。昭襄王刚刚即位，楚国又是宣太后芈八子的娘家，因此不肯出兵。公仲侈就去拜托甘茂，于是甘茂向昭王进言说：“韩国人以为可以得到秦国的救援才敢抵抗楚国。眼下雍氏被围，秦军若不肯出崤山相救，公仲侈将会轻蔑秦国而不再来朝见，也会撮合韩国与楚国结盟，楚国和韩国一旦联合，魏国就不敢不听从他们的摆布，这样一来，攻打秦国的形势就形成了。大王觉得，坐等别人来进攻和主动进攻别人，哪样更为有利呢?”昭王说：“我明白了。”于是答应公仲侈的要求，派军队下崤山解救韩国。

【出处】

楚怀王怨前秦败楚于丹阳而韩不救，乃以兵围韩雍氏。韩使公仲侈告急于秦。秦昭王新立，太后楚人，不肯救。公仲因甘茂，茂为韩言于秦昭王曰：“公仲方有得秦救，故敢扞楚也。今雍氏围，秦师不下殽，公仲且仰首而不朝，公叔且以国南合于楚。楚、韩为一，魏氏不敢不听，然则伐秦之形成矣。不识坐而待伐孰与伐人之利。”秦王曰：“善。”乃下师于殽以救韩。楚兵去。(《史记·樗里子甘茂列传》)

妾事先王

楚国攻打韩国，韩国派使者向秦国求救。宣太后因为楚国是她的祖国，态度不怎么积极。韩国又派能言善辩的尚靳前往秦国，向宣太后陈述唇亡齿寒的道理。宣太后说：“韩国的使者来了不少，只有尚靳的话说得对。”于是召见尚靳。宣太后对尚靳说：“我侍奉先王的时候，先王把大腿压在我身上，我受不了；但把身子全压在我身上，我不以为重，为什么呢？因为感到舒服、愉快，对我有好处。现在援救韩国，如果兵力不足，粮食不多，就不足以解救韩国。解韩国之围每天要耗费千金，就不能给我一点好处吗？”①

【出处】

楚围雍氏五月。韩令使者求救于秦，冠盖相望也，秦师不下殽。韩又令尚靳使秦，谓秦王曰：“韩之于秦也，居为隐蔽，出为雁行。今韩已病矣，秦师不下殽。臣闻之，唇揭者其齿寒，愿大王之熟计之。”宣太后曰：“使者来者众矣，独尚子之言是。”召尚子入。宣太后谓尚子曰：“妾事先王也，先王以其髀加妾之身，妾困不疲也；尽置其身妾之上，而妾弗重也，何也？以其少有利焉。今佐韩，兵不众，粮不多，则不足以救韩。夫救韩之危，日费千金，独不可使妾少有利焉。”(《战国策·韩二》)

① 宣太后在历史上以风流不羁、直言不讳著称。在外交场合拿夫妻间的性爱说事，这是一般的男君也难启齿的。王士禛《池北偶谈》卷二十一《谈异二》评价此事说：“此等淫亵语，出于妇人之口，入于使者之耳，载于国史之笔，皆大奇。”

义渠戎王

宣太后年轻守寡，出于各种原因，她曾笼络义渠王长达三十多年，与其私通并生有二子。后秦国日益强大，宣太后认为义渠王已失去价值。秦昭襄王三十五年，宣太后引诱义渠王入秦，将其杀死于甘泉宫。秦国趁机发兵攻灭义渠，在义渠故地设立陇西、北地、上郡三郡。

【出处】

秦昭王时，义渠戎王与宣太后乱，有二子。宣太后诈而杀义渠戎王于甘泉，遂起兵伐残义渠。于是秦有陇西、北地、上郡，筑长城以拒胡。(《史记·匈奴列传》)

智则樗里

秦昭襄王七年，樗里子病死，埋葬在渭水南岸的章台之东。临终前，樗里子预言说："一百年之后，我墓葬两边将会建筑起天子的宫殿。"樗里子的家在昭王庙西、渭水之南的阴乡樗里，因此人们称他为樗里子。至汉朝建立后，果然长乐宫建在他坟墓东边，未央宫则建在他坟墓西边，兵器库则正对着他的坟墓，一如樗里子之前的预言。秦国人有句谚语说："论力气要算任鄙，讲智谋则是樗里。"

【出处】

昭王七年，樗里子卒，葬于渭南章台之东。曰："后百岁，是当有天子之宫夹我墓。"樗里子疾室在于昭王庙西渭南阴乡樗里，故俗谓之樗里子。至汉兴，长乐宫在其东，未央宫在其西，武库正直其墓。秦人谚曰："力则任鄙，智则樗里。"(《史记·樗里子甘茂列传》)

除害莫如尽

秦国客卿造极力怂恿秦相穰侯魏冉攻打齐国，对他说："自从秦王以陶邑封您，至今您在秦国执掌大权已有好些年头。如果能攻下齐国，您的封地陶邑就将有万乘大国的规模，这样您就会成为小国之长，诸侯无不俯首听命，这是春秋五霸的功业啊！反之，如果不出兵攻打齐国，邻国必然对陶邑虎视眈眈，从此永无宁日。所以进攻齐国与否是陶邑存亡的关键。如果你想办成这件事，何不派人对燕相国说：‘圣人不能创造时机，时机到了也不会放弃。舜虽然贤能，如果他没有遇上尧，也不可能成为天子。商汤王、周武王虽然贤能，如果没有碰上桀、纣就不能成就王业。如今攻打齐国，正是你的大好时机，依靠天下的力量，雪惠王失败之耻，完成昭王破齐的功劳，除掉国家万年的祸害，这是燕国的永久利益，你也可以得到伟大的名声。《尚书》上说：做好事愈多愈好，除祸害愈彻底愈好。吴国没有乘势灭掉越国，其后反而被越国所灭；齐国没有灭掉燕国，后来被燕国所灭。这都是因为除恶未尽啊。您如果不乘此时机完成您的功业，除掉您的祸害，一旦秦国发生变故，后悔就来不及了。如果您动员燕国的兵力，号令消灭齐国，诸侯也会像报父子之仇一般，争先恐后地响应您的行动。如果灭掉齐国，黄河以南大片土地都会成为您的封地。不要再犹豫了，赶快攻打齐国吧。’”

【出处】

秦客卿造谓穰侯曰：“秦封君以陶，藉君天下数年矣。攻齐之事成，陶为万乘，长小国，率以朝天子，天下必听，五伯之事也；攻齐不成，陶为邻恤而莫之据也。故攻齐之于陶也，存亡之机也。君欲成之，何不使人谓燕相国曰：‘圣人不能为时，时至而弗失。舜虽贤，不遇尧也，不得为天子；汤、武虽贤，不当桀、纣不王。故以舜、汤、武之贤，不遭时不得帝王。令攻齐，此君之大时也已。因天下之力，伐雠国之齐，报惠王之耻，成昭王之功，除万世之害，此燕之长利而君之大名也。《书》云：树德莫如滋，除害莫如尽。吴不亡越，越故亡吴；齐不亡燕，燕故亡齐。齐亡于燕，吴亡于越，此除疾不尽也。非以此时也，成君之功，除君之害，秦卒有他事而从齐，齐、赵合，其仇君必深矣。挟君之仇以诛于燕，后虽悔之，不可得也已。君悉燕兵而疾攻之，天下之从君也，若报父子之仇。诚能亡齐，封君于河南，为万乘，达途于中国，南与陶为邻，世世无患。愿君之专志于攻齐，而无他虑也。’”（《战国策·秦三》）

拔楚之郢

秦昭襄王十四年，穰侯魏冉举荐白起为将军，代替向寿领兵攻打韩国和魏国。白起在伊阙大胜韩、魏二国，俘虏魏将公孙喜，斩敌24万。次年，又夺取楚国宛、叶二地。随后，白起攻占楚国郢都，置南郡以代之。白起以战功卓著被封武安君。

【出处】

昭王十四年，魏冉举白起，使代向寿将而攻韩、魏，败之伊阙，斩首二十四万，虏魏将公孙喜。明年，又取楚之宛、叶。魏冉谢病免相，以客卿寿烛为相。其明年，烛免，复相冉，乃封魏冉于穰，复益封陶，号曰穰侯。穰侯封四岁，为秦将攻魏。魏献河东方四百里。拔魏之河内，取城大小六十余。昭王十九年，秦称西帝，齐称东帝。月余，吕礼来，而齐、秦各复归帝为王。魏冉复相秦，六岁而免。免二岁，复相秦。四岁，而使白起拔楚之郢，秦置南郡。乃封白起为武安君。（《史记·穰侯列传》）

与天神博于此

秦昭王命令工匠用钩梯登上华山，用松柏的树心做成一盘棋子，长形的骰子长八尺，棋子长八寸，并在上面刻字说："昭王曾与天神在这里下过棋。"

【出处】

秦昭王令工施钩梯而上华山，以松柏之心为博，箭长八尺，棋长八寸，而勒之曰："昭王尝与天神博于此矣。"（《韩非子·外储说左上第三十二》）

范雎奔秦

秦昭襄王派王稽出使魏国。郑安平扮成差役伺候王稽。王稽问他说："魏国有没有优秀人才愿意随我一同西行呢？"郑安平回答说："我有位同乡张禄先生，想拜见您谈谈天下大事。不过他有仇人，不敢白天出来。"王稽说："夜里你跟他一起来好了。"郑安平就在夜里带着张禄来拜见王稽。交谈没多久，王稽就发现张禄（范雎）是个贤才，便对他说："先生请在三亭冈的南边等我。"范雎与王稽私下约好见面时间就离去了。王稽辞别魏王上路后，经过三亭冈南边，载上范雎很快进入秦国国境。车到湖邑时，远远望见有一队车马从西边过来。范雎问说："过来的是谁？"王稽回答道："是秦国国相穰侯，往东边巡行视察县邑。"范雎听说是穰侯魏冉，便说："我听说穰侯独揽秦国大权，最讨厌收纳各国说客，这样见面恐怕会侮辱我的，我宁可暂且在车里躲避。"不一会儿穰侯来到，停车询

拔楚之郢

问说：“关东局势有什么变化吗？”王稽回答说：“没什么变化。”穰侯又说：“使臣先生是否带说客回来？这种人一无是处，只会扰乱别人的国家罢了。”王稽回答说：“臣下不敢。”穰侯离开后，范雎对王稽说：“我听说穰侯足智多谋，反应较慢，刚才他怀疑车中有人，却忘记搜查了。”于是范雎跳下车来单独而行，并对王稽说：“穰侯不会甘休，必定后悔没有搜查车子。”大约走了十几里路，穰侯果然派骑兵返回搜查车子，没发现有人，这才作罢。王稽于是带着范雎进入了咸阳。

【出处】

当此时，秦昭王使谒者王稽于魏。郑安平诈为卒，侍王稽。王稽问：“魏有贤人可与俱西游者乎？”郑安平曰：“臣里中有张禄先生，欲见君言天下事。其人有仇，不敢昼见。”王稽曰：“夜与俱来。”郑安平夜与张禄见王稽。语未究，王稽知范雎贤，谓曰：“先生待我于三亭之南。”与私约而去。王稽辞魏去，过载范雎入秦。至湖，望见车骑从西来。范雎曰：“彼来者为谁？”王稽曰：“秦相穰侯东行县邑。”范雎曰：“吾闻穰侯专秦权，恶内诸侯客，此恐辱我，我宁且匿车中。”有顷，穰侯果至，劳王稽，因立车而语曰：“关东有何变？”曰：“无有。”又谓王稽曰：“谒君得无与诸侯客子俱来乎？无益，徒乱人国耳。”王稽曰：“不敢。”即别去。范雎曰：“吾闻穰侯智士也，其见事迟，乡者疑车中有人，忘索之。”于是范雎下车走，曰：“此必悔之。”行十余里，果使骑还索车中，无客，乃已。王稽遂与范雎入咸阳。（《史记·范雎蔡泽列传》）

衣新而不旧

张禄登门求见孟尝君说：“衣服常新不旧，粮仓常满不空，您知道怎么做到吗？”孟尝君说：“衣服常新不旧，是因为善于修整；粮仓常满不空，是因为富余。先生想要说明什么道理呢？”张禄说：“希望您显贵时不忘举荐贤人，富足时不忘赈济穷人，这样就能做到衣服常新不旧，粮仓常满不空。”孟尝君认为他说得对，欣赏他的寓意，认为颇有辩才，于是第二天派人送给他黄金百斤、彩绘的丝绸百幅。张禄辞谢不受。后来张禄又见到孟尝君，孟尝君说：“前次有幸听到您的教诲，我很赞赏，因此派人略备薄礼相赠，先生为什么推辞不受呢？”张禄说：“您如果动用府中金钱，打开粮仓来救济士人，最终难免倾家荡产，还怎么能使衣服常新不旧、粮仓常满不空呢？”孟尝君问：“那我能为您做点什么呢？”

张禄说："秦国四周地势险要，游学求官的人很难进入。请您为我写一封简短的推荐信给秦王。我若受到任用，一定会牢记您的引荐之恩；如果不被接纳，说明我与秦王没有缘分。"孟尝君说："就按您说的办吧。"于是写信向秦王推荐张禄。张禄前往秦国后受到重用。一次，张禄对秦王说："自我进入大王境内，看见良田千顷，秩序井然，却发现大王还有一桩事不那么称心如意。"秦王说："是什么事呢？"张禄说："齐国的国相孟尝君，非常贤能，天下没有紧急情况也就罢了，一旦有紧急情况，就能邀集天下英雄豪杰。能与天下英豪结为朋友的，也只有他了。大王何不主动与他结为朋友呢？"秦王说："恭敬地接受您的指教。"于是派人奉送千金给孟尝君。孟尝君收到礼金时正在吃饭，他停下来想了想，很快明白怎么回事了，对左右说："这就是张生说的衣服常新不旧，粮仓常满不空啊！"

【出处】

张禄掌门，见孟尝君曰："衣新而不旧，仓庾盈而不虚，为之有道，君亦知之乎？"孟尝君曰："衣新而不旧，则是修也。仓庾盈而不虚，则是富也。为之奈何？其说可得闻乎？"张禄曰："愿君贵则举贤，富则振贫，若是则衣新而不旧，仓庾盈而不虚矣。"孟尝君以其言为然，说其意，辩其辞，明日使人奉黄金百斤，文织百纯，进之张先生。先生辞而不受。后先生复见孟尝君。孟尝君曰："前先生幸教文曰：'衣新而不旧，仓庾盈而不虚，为之有说，汝亦知之乎？'文窃说教，故使人奉黄金百斤，文织百纯，进之先生，以补门内之不赡者，先生曷为辞而不受乎？"张禄曰："君将掘君之偶钱，发君之庾粟以补士，则衣弊履穿而不赡耳。何暇衣新而不旧，仓瘐盈而不虚乎？"孟尝君曰："然则为之奈何？"张禄曰："夫秦者四塞之国也。游宦者不得入焉。愿君为吾为丈尺之书，寄我与秦王，我往而遇乎，固君之入也。往而不遇乎，虽人求间谋，固不遇臣矣。"孟尝君曰："敬闻命矣。"因为之书，寄之秦王，往而大遇。谓秦王曰："自禄之来入大王之境，田畴益辟，吏民益治，然而大王有一不得者，大王知之乎？"王曰："不知。"曰："夫山东有相，所谓孟尝君者，其人贤人，天下无急则已，有急则能收天下雄俊之士，与之合交连友者，疑独此耳。然则大王胡不为我友之乎？"秦王曰："敬受命。"奉千金以遗孟尝君，孟尝君辍食察之而寤曰："此张生之所谓衣新而不旧，仓庾盈而不虚者也。"（《说苑·善说》）

天下名器

范雎随王稽到达秦国后，曾经写信向秦昭襄王自荐。信中有这样的话："臣听说周之砥砨、宋之结绿、魏之悬黎、楚之和璞，这四种名扬天下的宝玉，玉工最初都不能辨别。那么圣王遗弃的人才当中，就没有能使国家富强的吗？臣听说，善于持家的人才，要在全国范围内挑选；善于治国的人才，要放眼诸侯各国去寻找。天下有圣明的贤主，诸侯各国便不能独揽人才。因为人才关系到国家的兴衰。良医能预断病人的生死，明主能洞察事情的成败，有利则为，无利则不为，判断不准则尝试而行，这是自尧、舜、禹、汤以来未曾改变的法则。至关重要的话，臣不敢写在这里；一些肤浅的道理，又不值得一说。臣在想，是否因为臣的愚昧无知，其言语不符合大王的心意？或者是因为推荐臣的人地位低贱，大王以为他们的话不可相信？如果不是这些原因，那么我的意思是，希望大王能稍微腾出一点游览观光的时间，容我当面进言。"昭襄王读到范雎的自荐信十分高兴，向王稽表示谢意，并当即派车马召请范雎。

【出处】

范子因王稽入秦，献书昭王曰："……臣闻周有砥厄，宋有结绿，梁有悬黎，楚有和璞。此四宝者，工之所失也，而为天下名器。然则圣王之所弃者，独不足以厚国家乎？臣闻善厚家者，取之于国；善厚国者，取之于诸侯。天下有明主，则诸侯不得擅厚矣。是何故也？为其凋荣也。良医知病人之死生，圣主明于成败之事，利则行之，害则舍之，疑则少尝之，虽尧、舜、禹、汤复生，弗能改已！语之至者，臣不敢载之于书；其浅者又不足听也。意者，臣愚而不阖于王心耶？已其言臣者，将贱而不足听耶！非若是也，则臣之志，愿少赐游观之间，望见足下而入之。"书上，秦王说之，因谢王稽说，使人持车召之。(《战国策·秦三》)

感怒昭王

范雎去离宫拜见秦昭襄王的时候，到了宫门口，假装不知道是内宫的通道而埋头往里走。这时恰好秦昭襄王出来。宦官发怒，驱赶范雎说："大王来了！"范雎故意嚷着说："秦国哪有大王？只有太后和穰侯而已。"他想用这些话激怒秦昭襄王。昭王走过来，听到范雎与宦官争吵，便上前迎接范雎，向他道歉说："我早该向您请教，正好遇到义渠的紧急事件，早晚都要向太后问安。现在义渠事件处理完毕，终于有机会向您请教。我这个人糊涂愚蠢，先向您致敬。”范雎客气地还礼。这一天，凡是看到范雎拜见昭王的文武百官，没有一个不肃然起敬的。

【出处】

于是范雎乃得见于离宫，详为不知永巷而入其中。王来，而宦者怒逐之，曰：“王至！”范雎缪为曰：“秦安得王？秦独有太后、穰侯耳。”欲以感怒昭王。昭王至，闻其与宦者争言，遂延迎，谢曰：“寡人宜以身受命久矣，会义渠之事急，寡人旦暮自请太后；今义渠之事已，寡人乃得受命。窃闵然不敏，敬执宾主之礼。”范雎辞让。是日观范雎之见者，群臣莫不洒然变色易容者。（《史记·范雎蔡泽列传》）

远交近攻

范雎对秦昭襄王说：“穰侯想越过韩、魏两国进攻齐国的纲、寿两城，这绝对不是个好计策。齐湣王曾经向南攻打楚国，想开辟千里之遥的领土，最后连寸尺大小的土地也没得到。各诸侯国看到齐国远行疲惫，国力衰弱，国君与臣属不和，便乘机发兵攻齐。结果齐国大败，将士受辱，上下一片责怪之声。齐王推说攻打楚国是田文策划的，于是齐国大臣发动叛乱，追杀田文，田文被迫逃走。齐国大败的原因，在于它耗费兵力攻打远方的楚国，使韩、魏两国从中获利。这就叫把兵器借给强盗，把粮食送给窃贼。臣以为，大王不如结交远邦而攻伐近国，这样攻取一寸就能得到一寸土地，攻取一尺就能得到一尺土地。如今放弃近国而攻打远邦，不也太荒谬了吗？过去中山国有方圆五百里的领土，赵国独自将其吞并，天下没有谁能奈何赵国。现在韩、魏两国地处中原，是天下的中心部位，大王如果想称霸天下，就必须先经营中原，把它作为掌握天下的关键，以此威胁楚国和赵国。楚国强大您就亲近赵国，赵国强大您就亲近楚国，楚国、赵国都亲附您，齐国必然恐惧。齐国恐惧，就会低声下气奉献厚礼来事奉秦国。齐国亲附秦国，秦国便可以乘势收服韩、魏两国了。”

【出处】

然左右多窃听者，范雎恐，未敢言内，先言外事，以观秦王之俯仰。因进曰：“夫穰侯越韩、魏而攻齐纲寿，非计也。少出师则不足以伤齐，多出师则害于秦。

臣意王之计，欲少出师而悉韩、魏之兵也，则不义矣。今见与国之不亲也，越人之国而攻，可乎？其于计疏矣。且昔齐湣王南攻楚，破军杀将，再辟地千里，而齐尺寸之地无得焉者，岂不欲得地哉，形势不能有也。诸侯见齐之罢弊，君臣之不和也，兴兵而伐齐，大破之。士辱兵顿，皆咎其王，曰：'谁为此计者乎？'王曰：'文子为之。'大臣作乱，文子出走。攻齐所以大破者，以其伐楚而肥韩、魏也。此所谓借贼兵而赍盗粮者也。王不如远交而近攻，得寸则王之寸也，得尺亦王之尺也。今释此而远攻，不亦缪乎！且昔者中山之国地方五百里，赵独吞之，功成名立而利附焉，天下莫之能害也。今夫韩、魏，中国之处而天下之枢也，王其欲霸，必亲中国以为天下枢，以威楚、赵。楚强则附赵，赵强则附楚，楚、赵皆附，齐必惧矣。齐惧，必卑辞重币以事秦。齐附而韩、魏因可虏也。"昭王曰："吾欲亲魏久矣，而魏多变之国也，寡人不能亲。请问亲魏奈何？"对曰："王卑词重币以事之；不可，则割地而赂之；不可，因举兵而伐之。"王曰："寡人敬闻命矣。"乃拜范雎为客卿，谋兵事。(《史记·范雎蔡泽列传》)

范雎为相

范雎得到秦昭襄王的信任之后，乘机向昭襄王进言说："我住在山东时，只听说齐国有田文而不曾听说有齐王；只听说秦国有太后、穰侯、华阳君、高陵君、泾阳君，而从未听说有秦王。国王必须大权独揽，兴利除害，生杀予夺。如今太后独断专行毫无顾忌，穰侯出使国外而不报告，华阳君、泾阳君等断罪判罚无所忌讳，高陵君任免官吏也不请示。国家出现这四种权贵而没有危险是不可能的。《木实繁》诗说：'城邑太大就会危害国都，臣子权重就会压抑君主。'[①] 从前崔杼、淖齿在齐国专权，崔杼射杀了齐庄公，淖齿吊死了齐湣王。李兑在赵国专权，将赵武灵王活活饿死在沙丘宫中。今天秦国的太后、穰侯、高陵君、华阳君和泾阳君，很可能就是昨天的淖齿和李兑啊。夏、商、周三代之所以亡国，就是因为君主恣意游乐，不理朝政，任由宠臣们妒贤嫉能，瞒上欺下，谋取私利，因而断送了国家的前程。如今秦国的各级官吏，包括大王的左右侍从，没有一个不是相国穰侯的亲信。看到大王在朝廷孤身一人，我真替您害怕，担心您百年之后，拥有秦国的不会是您的子孙。"昭王听了范雎一番话，如梦初醒，大为惊恐

① 《木实繁》或为"古语"。宋人鲍彪《战国策校注》以为"逸诗"。元吴师道："恐此四语皆诗，非必逸诗，古有此语尔。"清人范家相《三家诗拾遗》："疑皆古语而称曰诗，故勿录。"明人冯惟讷《古诗纪》卷九："注云非必逸诗，古有此语耳。"

说："你说得对。"于是收回了太后的特权，将穰侯、高陵君、华阳君、泾阳君一并驱逐到关外。又任命范雎为相国，让穰侯交出相印，回封地陶邑养老。穰侯离开国都时，装载个人财产的车子有一千多辆。在国都关卡，例行检查的官吏发现车上装载的珍宝器物比王室还多。

【出处】

范雎日益亲，复说用数年矣，因请间说曰："臣居山东时，闻齐之有田文，不闻其有王也；闻秦之有太后、穰侯、华阳、高陵、泾阳，不闻其有王也。夫擅国之谓王，能利害之谓王，制杀生之威之谓王。今太后擅行不顾，穰侯出使不报，华阳、泾阳等击断无讳，高陵进退不请。四贵备而国不危者，未之有也。为此四贵者下，乃所谓无王也。然则权安得不倾，令安得从王出乎？臣闻善治国者，乃内固其威而外重其权。穰侯使者操王之重，决制于诸侯，剖符于天下，政适伐国，莫敢不听。战胜攻取则利归于陶，国弊御于诸侯；战败则结怨于百姓，而祸归于社稷。诗曰：'木实繁者披其枝，披其枝者伤其心；大其都者危其国，尊其臣者卑其主。'崔杼、淖齿管齐，射王股，擢王筋，县之于庙梁，宿昔而死。李兑管赵，囚主父于沙丘，百日而饿死。今秦太后、穰侯用事，高陵、华阳、泾阳佐之，卒无秦王，此亦淖齿、李兑之类也。且夫三代所以亡国者，君专授政，纵酒驰骋弋猎，不听政事。其所授者，妒贤嫉能，御下蔽上，以成其私，不为主计，而主不觉悟，故失其国。今自有秩以上至诸大吏，及王左右，无非相国之人者。见王独立于朝，臣窃为王恐，万世之后，有秦国者非王子孙也。"昭王闻之大惧，曰："善。"于是废太后，逐穰侯、高陵、华阳、泾阳君于关外。秦王乃拜范雎为相。收穰侯之印，使归陶，因使县官给车牛以徙，千乘有余。到关，关阅其宝器，宝器珍怪多于王室。《史记·范雎蔡泽列传》

臣强者危其主

应侯对秦昭王说："您听说过恒思丛林中神祠的故事吗？恒思有个凶顽的少年，要求与祠主打赌说：'如果我胜了你，你就把神位借给我三天；如果输了，任由你处置。'于是他用左手替祠主掷骰子，右手为自己投骰子，结果他赢了，祠主只好把丛祠的神位借给他。三天之后，祠主派人去取，少年竟不知去向。五天之后，树林开始干枯。七天之后，丛林里树木全都枯死了。如今的秦国就好比大王的丛林；权势就好比大王的神位。把这些东西借给别人，实在是太危险。我从来没听说过手指比胳膊粗、胳膊比大腿粗的。出现这种情况，就一定是病得太重了。一百个人驮着瓢跑步，还不如一个人拿着瓢走得快。一百个人托瓢，瓢非摔破不可。现在的秦国，华阳君掌政，穰侯掌政，太后掌政，大王也掌政。不把国家比作瓢也就罢了；把国家比作盛水的瓢，国家迟早会四分五裂。我听说古代善于治理国家的君主，对内牢牢掌控威权，亲信遍布全国，政治稳定，使臣循规办事，不敢为非做歹。如今太后的使臣分列诸侯各国，虎符流布天下，利用大国的权势强征兵士，讨伐诸侯，缴获的财物全部运往陶邑，搜刮的钱财都送到太后的私室，境内的资产，从各处运往华阳。古人所谓危主灭国的征兆，就是这样体现的。太后、穰侯和华阳君摄取国家财富中饱私囊，长久下去，国家的政令还怎么从大王发出，权力何谈集中？大王实际已处在三贵包围一王的境地了。”

【出处】

应侯谓昭王曰：“亦闻恒思有神丛与？恒思有悍少年，请与丛博，曰：‘吾胜丛，丛籍我神三日；不胜丛，丛困我。’乃左手为丛投，右手自为投，胜丛，丛籍其神。三日，丛往求之，遂弗归。五日而丛枯，七日而丛亡。今国者，王之丛；势者，王之神。籍人以此，得无危乎？臣未尝闻指大于臂，臂大于股，若有此，则病必甚矣。百人舆瓢而趋，不如一人持而走疾。百人诚舆瓢，瓢必裂。今秦国，华阳用之，穰侯用之，太后用之，王亦用之。不称瓢为器，则已；已称瓢为器，国必裂矣。臣闻之也：‘木实繁者枝必披，枝之披者伤其心。都大者危其国，臣强者危其主。’其令邑中自斗食以上，至尉、内史及王左右，有非相国之人者乎？国无事，则已；国有事，臣必闻见王独立于庭也。臣窃为王恐，恐万世之后有国者，非王子孙也。臣闻古之善为政也，其威内扶，其辅外布，四治政不乱不逆，使者直道而行，不敢为非。今太后使者分裂诸侯，而符布天下，操大国之势，强征兵，伐诸侯。战胜攻取，利尽归于陶；国之币帛，竭入太后之家；竟内之利，分移华阳。古之所谓‘危主灭国之道’必从此起。三贵竭国以自安，然则令何得从王出，权何得毋分，是我王果处三分之一也。”（《战国策·秦三》）

青云之上

范雎在秦国一直隐瞒身份，自称张禄，魏国人对此毫无所知，认为范雎早已死了。魏王听说秦国即将派兵攻打韩、魏两国，便派须贾出使秦国紧急斡旋。范雎得知须贾到达秦国，便隐瞒身份乔装出行，到须贾下榻的宾馆找他。须贾见到范雎非常惊愕："范叔原来没事啊！"范雎说："是啊。"须贾笑着说："范叔是来秦国游说的吧？"范雎回答说："不是的。我因为得罪了魏国宰相，所以流落逃跑到这里，哪里还敢游说呢？"须贾问他说："现在你在做什么呢？"范雎回答说："给人当差役。"须贾听了颇为同情，便留他一起坐下吃饭，叹息说："范叔竟贫寒到这个样子！"于是取来一件粗丝袍衣送给他。须贾问他说："秦国的相国张君，你知道他吗？听说他在秦王那里非常受宠，朝中大事都由他来决断。我这次来办的事情成败也取决于他。你有没有跟相国熟悉的朋友呢？"范雎说："我的主人很熟悉他。我因此也能见到他，就让我将您引见给张君吧。"须贾说："我的马病了，车轴也断了，不是四匹马拉的大车，我是绝不出门的。"范雎说："我去向主人借来四匹马拉的大车。"范雎回去弄来四匹马拉的大车，亲自给须贾驾车，一直进到秦国相府。相府里的人看见范雎驾车进来，都回避让开。须贾对此感到奇怪。到了相国办公地方的门口，范雎对须贾说："等等我，我先替您进去向相国张君通报一声。"须贾就在门口等候。拽着缰绳等了很长时间不见人来，便问门卒说："范叔进去很长时间了还不出来，怎么回事？"门卒说："这里没有范叔。"须贾说："就是刚才跟我一起乘车进去的那个人。"门卒说："他就是我们的相国张君啊。"须贾一听大惊失色，自知被诓骗进来，赶紧脱掉上衣光着膀子，用膝盖跪行托门卒向范雎请罪。于是范雎大开府门，召来所有的侍从，令须贾上堂来见。须贾连连磕头，口称死罪说："我没想到您凭自己的能力飞黄腾达，从此我不敢再求读书长进，也不敢再妄议天下大事。我犯下了应该煮杀的大罪，把我抛到荒凉野蛮的胡貉地区也心甘情愿，是死是活任凭您来决定！"范雎说："你有几条罪状？"须贾回答说："全拔下我的头发也不够数我的罪过。"范雎说："你有三条罪状。一是认为我暗通齐国对魏国不忠，而在魏齐面前说我的坏话；二是在魏齐把我扔进厕所肆意侮辱时你不加制止；三是你喝醉之后竟往我身上撒尿，你于心何忍啊！今天之所以饶你不死，是因为从你赠我粗丝袍衣看出你多少还有点人性。"范雎进宫向昭襄王汇报了事情的来龙去脉，请求不接受魏国来使，责令须贾回国。须贾去向范雎辞行的时候，范雎大摆宴席，宴请各国使臣，与使臣们同坐堂上，酒菜饭食极为丰盛。然后让须贾坐在堂下，在他面前放了一盘马料，让两名受过墨刑的犯人夹着他，像马吃草一样让他吃莝豆。范雎喝斥他说："回去转告魏王，速将魏齐的人头送来。否则，我将率兵屠戮大梁。"须贾回到魏国，把范雎在秦国为相的消息告诉魏齐。魏齐大为惊恐，急忙逃往赵国，躲藏在平原君家里。

【出处】

范雎既相秦，秦号曰张禄，而魏不知，以为范雎已死久矣。魏闻秦且东伐韩、魏，魏使须贾于秦。范雎闻之，为微行，敝衣间步之邸，见须贾。须贾见之而惊曰："范叔固无恙乎！"范雎曰："然。"须贾笑曰："范叔有说于秦邪？"曰："不也。雎前日得过于魏相，故亡逃至此，安敢说乎？"须贾曰："今叔何事？"范雎曰："臣为人庸赁。"须贾意哀之，留与坐饮食，曰："范叔一寒如此哉！"乃取其一绨袍以赐之。须贾因问曰："秦相张君，公知之乎？吾闻幸于王，天下之事皆决于相君。今吾事之去留在张君。孺子岂有客习于相君者哉？"范雎曰："主人翁习知之。唯雎亦得谒，雎请为见君于张君。"须贾曰："吾马病，车轴折，非大车驷马，吾固不出。"范雎曰："愿为君借大车驷马于主人翁。"范雎归取大车驷马，为须贾御之，入秦相府。府中望见，有识者皆避匿。须贾怪之。至相舍门，谓须贾曰："待我，我为君先入通于相君。"须贾待门下，持车良久，问门下曰："范叔不出，何也？"门下曰："无范叔。"须贾曰："乡者与我载而入者。"门下曰："乃吾相张君也。"须贾大惊，自知见卖，乃肉袒膝行，因门下人谢罪。于是范雎盛帷帐，侍者甚众，见之。须贾顿首言死罪，曰："贾不意君能自致于青云之上，贾不敢复读天下之书，不敢复与天下之事。贾有汤镬之罪，请自屏于胡貉之地，唯君死生之！"范雎曰："汝罪有几？"曰："擢贾之发以续贾之罪，尚未足。"范雎曰："汝罪有三耳。昔者楚昭王时而申包胥为楚却吴军，楚王封之以荆五千户，包胥辞不受，为丘墓之寄于荆也。今雎之先人丘墓亦在魏，公前以雎为有外心于齐而恶雎于魏齐，公之罪一也。当魏齐辱我于厕中，公不止，罪二也。更醉而溺我，公其何忍乎？罪三矣。然公之所以得无死者，以绨袍恋恋，有故人之意，故释公。"乃谢罢。入言之昭王，罢归须贾。须贾辞于范雎，范雎大供具，尽请诸侯使与坐堂上，食饮甚设；而坐须贾于堂下，置莝豆其前，令两黥徒夹而马食之。数曰："为我告魏王，急持魏齐头来，不然者，我且屠大梁。"须贾归，以告魏齐。魏齐恐，亡走赵。匿平原君所。《史记·范雎蔡泽列传》

贵而为交

秦昭襄王得知范雎在魏国的遭遇后，想替范雎主持公道，于是写信给平原君赵胜，邀请他到秦国小住，开怀畅饮几天。平原君本来就畏惧秦国，又见来信言辞恳切，有真心交好之意，于是来到秦国。昭王陪着平原君宴饮，对他说：

“从前周文王得到吕尚尊为太公，齐桓公得到管夷吾尊为仲父，如今范先生也是我的叔父啊。范先生的仇人住在您的家里，希望您派人把他脑袋取来；不然的话，我就不让您出函谷关。”平原君说：“显贵了仍然交低贱的朋友，是不忘低贱时的友谊；发富了仍然交贫困的朋友，是为了不忘贫困时的情义。魏齐是我朋友，即使他在我家，我也决不会交出来，何况他也不在我家里。”昭王见平原君不肯就范，又给赵孝成王写信说：“大王的弟弟现在秦国，而范先生的仇人魏齐在平原君家里。大王赶快派人把他的脑袋送来；不然，我将出兵攻打赵国，同时不让大王的弟弟出关。”赵孝成王于是派兵包围平原君的宅子，危急中魏齐连夜逃出平原君家，去求见赵国宰相虞卿。虞卿估计很难说服赵王，于是解下相印，与魏齐一起逃出赵国。两人抄小路奔逃，考虑到周边并没有可以投靠的国家，于是又奔回大梁，打算通过信陵君的关系投奔楚国。信陵君得知消息后，因为害怕秦国追究，犹豫不肯接见，问身边人说：“虞卿这个人怎样？”当时侯嬴在侧，就回答说：“人固然很难被人了解，了解一个人也很困难。虞卿当年脚穿草鞋，头戴斗笠，身穿布衣来到赵国。第一次见到赵王，赵王就赐给他白璧一对，黄金百镒；第二次见到赵王，就被任为上卿；第三次见到赵王，就得到相印，封万户侯。那时候，天下人都争着结识虞卿。魏齐走投无路时投奔虞卿，虞卿根本不把高官厚禄看在眼里，解下相印，抛弃万户侯的爵位就跟魏齐逃走。为了他人的困境心急如焚来投奔您，您还问‘这个人怎样’。人固然很难被了解，了解人也真是不容易啊！”信陵君非常惭愧，当即驱车到郊外迎接二人。魏齐得知信陵君犹豫不肯相见，一怒之下自刎而死。赵王得到消息，立即派人将魏齐的脑袋送往秦国。秦昭襄王于是让平原君返回赵国。

【出处】

秦昭王闻魏齐在平原君所，欲为范雎必报其仇，乃详为好书遗平原君曰：“寡人闻君之高义，愿与君为布衣之友，君幸过寡人，寡人愿与君为十日之饮。”平原君畏秦，且以为然，而入秦见昭王。昭王与平原君饮数日，昭王谓平原君曰：“昔周文王得吕尚以为太公，齐桓公得管夷吾以为仲父，今范君亦寡人之叔父也。范君之仇在君之家，愿使人归取其头来；不然，吾不出君于关。”平原君曰：“贵而为交者，为贱也；富而为交者，为贫也。夫魏齐者，胜之友也，在，固不出也，今又不在臣所。”昭王乃遗赵王书曰：“王之弟在秦，范君之仇魏齐在平原君之家。王使人疾持其头来；不然，吾举兵而伐赵，又不出王之弟于关。”赵孝成王乃发卒围平原君家，急，魏齐夜亡出，见赵相虞卿。虞卿度赵王终不可说，乃解其相印，与魏齐亡，间行，念诸侯莫可以急抵者，乃复走大梁，欲因信陵君以走楚。

信陵君闻之，畏秦，犹豫未肯见，曰：“虞卿何如人也？”时侯嬴在旁，曰：“人固未易知，知人亦未易也。夫虞卿蹑屩檐簦，一见赵王，赐白璧一双，黄金百镒；再见，拜为上卿；三见，卒受相印，封万户侯。当此之时，天下争知之。夫魏齐穷困过虞卿，虞卿不敢重爵禄之尊，解相印，捐万户侯而间行。急士之穷而归公子，公子曰‘何如人’。人固不易知，知人亦未易也！”信陵君大惭，驾如野迎之。魏齐闻信陵君之初难见之，怒而自刭。赵王闻之，卒取其头予秦。秦昭王乃出平原君归赵。（《史记·范雎蔡泽列传》）

必于其尽

范雎说：“弓折断的时候，一定是在制作的最后阶段，而不是开始阶段。工匠张弓时，把弓放在校正器具上按压30天，然后才装上弦，却在一天之内就把箭发射出去。开始调节的时候缓慢，最后使用时急促，弓怎么能不折断呢？不妨按我的思路：用校正工具按压一天，而后装上弦，上弦30天后再发射。开始的时候粗略，最后阶段精致，弓一定不会折断。”工匠无言以对，照范雎的话去做，结果弓折断了。

【出处】

范雎曰：“弓之折，必于其尽也，不于其始也。夫工人张弓也，伏檠三旬而蹈弦，一日犯机，是节之其始而暴之其尽也，焉得无折？且张弓不然：伏檠一日而蹈弦，三旬而犯机，是暴之其始而节之其尽也。”工人穷也，为之，弓折。（《韩非子·外储说左上第三十二》）

独攻其地

秦国进攻韩国，包围了陉地。范雎对秦昭王说：“攻战有两种，一是攻取人心，二是攻占土地。穰侯进攻魏国十次却不能挫败他们，并不是因为秦国弱小魏国强大，而是因为穰侯着眼于攻占土地。土地是君主喜欢的东西，而臣子又乐意为君主效命。攻取人主喜爱的东西，与乐意为人主效命的人战斗，所以十次征讨都不能取胜。现在大王围攻陉地，希望不要只着眼于攻占土地，而是着眼于攻取人心。大王可以与张仪谈判。张仪聪明的话，他就会割让土地向大王谢罪，通过割让土地而使韩国不至亡国；如果张仪缺乏头脑，大王可以驱逐张仪，再与不如张仪的人谈条件。这样，大王想在韩国谋求的利益，就可以全部到手。”[1]

【出处】

秦攻韩，围陉。范雎谓秦昭王曰：“有攻人者，有攻地者。穰侯十攻魏而不得伤者，非秦弱而魏强也，其所攻者，地也。地者，人主所甚爱也。人主者，人臣之所乐为死也。攻人主之所爱，与乐死者斗，故十攻而弗能胜也。今王将攻韩围陉，臣愿王之毋独攻其地，而攻其人也。王攻韩围陉，以张仪为言。张仪之力多，且削地而以自赎于王，几割地而韩不尽；张仪之力少，则王逐张仪，而更与不如张仪者市。则王之所以求于韩者，言可得也。”（《战国策·秦三》）

遂绝爱道

某次秦昭王生病，百姓为他祈祷；病好后，百姓杀牛向神还愿。侍从官阎遏、公孙衍出门看见了，说：“现在不是祭土地神和腊祭的时候，为什么要杀牛祭祀呢？”他们感到奇怪，就问百姓。百姓说；“国君生病，我们为他祈祷；现在他病好了，我们杀牛向神还愿。”阎遏、公孙衍很高兴，晋见昭王拜贺道：“您胜过尧、舜了。”昭王吃惊地说：“此话怎讲？”二人回答说：“尧和舜，还没到让百姓为他们祈祷的地步。现在大王生病，百姓用牛许愿；大王病愈，百姓杀牛还愿。所以我们私下认为大王是胜过尧和舜了。”于是昭王派人查问，看是哪个里这样干的，要罚该里的里正和伍老各出两副甲。阎遏、公孙衍惭愧得不敢吭声。过了几个月，昭王饮酒正痛快时，阎遏、公孙衍对昭王说：“前段时间我们私下以为大王胜过尧和舜，并非故意讨好。尧和舜生病，百姓还不至于为他们祈祷；但是大王生病，百姓就用牛许愿，大王病愈，百姓杀牛还愿。现在竟然罚那个里的里正和伍老各出两副甲，我们私下深感奇怪。”昭王说：“你们为什么不懂这些？那些百姓为我所用，并不是因为我爱他们，而是因为我有权势。如果我放弃权势和他们交往，他们马上就会是另外的态度，这与仁爱无关。”

【出处】

秦襄王病，百姓为之祷，病愈，杀牛塞祷。郎中阎遏、公孙衍出见之，曰：“非社腊之时也，奚自杀牛而祠社？”怪而问之。百姓曰：“人主病，为之祷；今

---

① 据《史记·十二本纪·秦本纪》记载，张仪死于秦武王二年，即公元前309年，秦国进攻韩国的陉地发生在公元前264年，此时张仪已经死了45年。

病愈，杀牛塞祷。”阎遏、公孙衍说，见王拜贺曰：“过尧、舜矣。”王惊曰：“何谓也？”对曰：“尧、舜其民未至为之祷也，今王病而民以牛祷，病愈杀牛塞祷，故臣窃以王为过尧、舜也。”王因使人问之，何里为之，訾其里正与伍老屯二甲。阎遏、公孙衍愧不敢言。居数月，王饮酒酣乐，阎遏、公孙衍谓王曰：“前时臣窃以王为过尧、舜，非直敢谀也。尧、舜病且其民未至为之祷也。今王病而民以牛祷，病愈杀牛塞祷，今乃訾其里正与伍老屯二甲，臣窃怪之。”王曰：“子何故不知于此？彼民之所以为我用者，非以吾爱之为我用者也，以吾势之为我用者也。吾释势与民相收，若是，吾适不爱而民因不为我用也。故遂绝爱道也。”（《韩非子·外储说右下第三十五》）

宵行狗吠

段产对新城君说：“夜行人能不做奸邪的事情，却不能让狗不冲自己吠叫。现在我处在郎中的位置，能够做到不在大王面前非议您，却不能保证让别人不在您面前诽谤我。希望您能明察。”

【出处】

段产谓新城君曰：“夫宵行者能无为奸，而不能令狗无吠己。今臣处郎中，能无议君于王，而不能令人毋议臣于君。愿君察之也。”（《战国策·韩三》）

缰牵于事

段干越人对新城君说：“王良的弟子驾车，说是要日行千里。在路上遇见造父的弟子。造父的弟子说：‘你的马不能日行千里。’王良的弟子说：‘我的骖马是千里之马，服马也是千里之马，却说我不能日行千里，为什么呢？’造父的弟子说：‘你的缰绳拉得太长了。’缰绳的长短对于驾御来说，虽然作用不过万分之一，却妨碍千里之行。我虽然不才，但对秦国的作用多少也有那么万分之一吧，您见到我却不高兴，这也是缰绳拉得太长的缘故吧。”

【出处】

段干越人谓新城君曰：“王良之弟子驾，云取千里，遇造父之弟子。造父之弟子曰：‘马不千里。’王良弟子曰：‘马，千里之马也；服，千里之服也。而不能取千里，何也？’曰：‘子纆牵长。’故纆牵于事，万分之一也，而难行千里之行。今臣虽不肖，于秦亦万分之一也，而相国见臣不释塞者，是纆牵长也。”（《战国策·韩三》）

大相与斗

天下的策士都聚集在赵国，商量六国合纵攻打秦国的事。秦相应侯对秦王说：“大王不必忧心，臣很快就会让他们的盟约土崩瓦解。天下的策士对秦国并无怨仇，他们聚在一起谋划攻秦，只不过是为了升官发财而已。大王看看大王的狗，现在躺着的躺着，站着的站着，走着的走着，停着的停着，彼此之间没有任何争斗。但是只要扔出一根骨头，所有的狗立刻会龇牙咧嘴，相互撕咬。为什么？因为相互有争夺。”于是范雎派秦臣唐雎用车载着乐队，携带50镒黄金，在赵国武安大摆宴席，对参加聚会的策士们说：“邯郸人谁来拿黄金呢？”结果首谋攻秦的人没得到黄金，得到黄金的策士跟秦国就像兄弟一样亲密了。应侯又告诉唐雎说：“您这是在为秦国立功，不必考虑哪些人得到黄金，只要把黄金送出去就算大功告成，现在再运50镒金过去。”唐雎出发刚到达武安，才送出不到三千金，参加合纵讨论的策士们就互相争夺起来。

【出处】

天下之士，合从相聚于赵，而欲攻秦。秦相应侯曰：“王勿忧也，请令废之。秦于天下之士非有怨也，相聚而攻秦者，以己欲富贵耳。王见大王之狗，卧者卧，起者起，行者行，止者止，毋相与斗者；投之一骨，轻起相牙者，何则？有争意也。”于是唐雎载音乐，予之五十金，居武安，高会相与饮，谓：“邯郸人谁来取者？”于是其谋者固未可得予也，其可得与者，与之昆弟矣。“公与秦计功者，不问金之所之，金尽者功多矣。今令人复载五十金随公。”唐雎行，行至武安，散不能三千金，天下之士，大相与斗矣。《战国策·秦三》

子死不忧

应侯失去了韩地汝南。秦昭王问应侯说：“贤卿丧失了封地，心里难过吗？”范雎回答说：“臣不难过。”昭王说：“为什么？”范雎说：“梁国有个叫东门吴的人，他的儿子死了，却并不显得伤心，管家问他：‘主人疼爱儿子，可以说天下少见，现在儿子死了，为什么不难过呢？’东门吴回答说：‘我当初本没有儿子，没儿子的时候也不难过；现在儿子死了，等于回到没儿子的时候，有什么好难过的呢？’臣当初不过一介小民，当平民的时候并不忧愁，如今失去封地，等于恢复平民身份，又有什么好难过的呢？”昭王相信范雎的说辞，对蒙傲说：“如果有一个城池被围，寡人就会寝食难安，如今范雎丢失了自己的封土，却说自己并不难过，这不合情理。”蒙傲说：“我来打听一下真实情况。”蒙傲于是拜会范雎，说：“我真想去死。”范雎问：“什么意思？”蒙傲回答说：“君王拜阁下为师，全天下的人都知道。如今我蒙傲侥幸成为秦国将军，眼看弱小的韩国竟敢违拗秦国夺走阁下的封土，我蒙傲还有什么脸活在世上？还不如死了好！”范雎于是拜谢蒙傲说：“我愿意把夺回汝南的事托付给您！”于是蒙傲把范雎的话回报昭王。从此之后，每当范雎谈论韩国的事情，秦昭王就不想再听，认为范雎是在为夺回汝南而谋划。

【出处】

应侯失韩之汝南。秦昭王谓应侯曰：“君亡国，其忧乎？”应侯曰：“臣不忧。”王曰：“何也？”曰：“梁人有东门吴者，其子死而不忧，其相室曰：‘公之爱子也，天下无有，今子死不忧，何也？’东门吴曰：‘吾尝无子，无子之时不忧；今子死，乃即与无子时同也。臣奚忧焉？’臣亦尝为子，为子时不忧；今亡汝南，乃与即为梁余子同也。臣何为忧？”秦王以为不然，以告蒙傲曰：“今也，寡人一城围，食不甘味，卧不便席，今应侯亡地而言不忧，此其情也？”蒙傲曰：“臣请得其情。”蒙傲乃往见应侯，曰：“傲欲死。”应侯曰：“何谓也？”曰：“秦王师君，天下莫不闻，而况于秦国乎？今傲势得秦为王将，将兵，臣以韩之细也，显逆诛，夺君地，傲尚奚生？不若死。”应侯拜蒙傲曰：“愿委之卿。”蒙傲以报于昭王。自是之后，应侯每言韩事者，秦王弗听也，以其为汝南虏也。《战国策·秦三》

长平之战

秦昭襄王四十七年，秦国派左庶长王龁进攻韩国，夺取上党。上党的百姓纷纷逃往赵国。赵国在长平屯兵，据以接应上党百姓。四月，王龁借此进攻赵国。赵国派廉颇统率军队抵抗。秦军屡次挑战，赵兵坚守不出。赵王多次指责廉颇不与秦军交战。此时秦国丞相应侯花费千金到赵国施行反间之计，宣扬说：“秦国最害怕的，是让马服君赵奢的儿子赵括担任将领，廉颇容易对付，他就要投降了。”赵王本来就恼怒廉颇军队伤亡过多，屡次战败，却又坚守营垒不出，加之听到许多谣言，信以为真，于是派赵括取代廉颇。秦国得知消息，暗地里派武安君白起担任上将军，让王龁担任尉官副将，并下令军队中泄密者格杀勿论。赵括到任后，一反廉颇的固守策略，主动发兵进击秦军。秦军假装战败而逃，同时布置两支突袭部队逼进赵军。赵军乘胜追击，直追到秦军营垒。但秦军营垒十分坚固，不能攻入，此时秦军的一支突袭部队已经切断赵军后路，另一支部队则楔入赵军营垒，把赵军分割成两个孤立的部分，并堵住其运粮通道。赵军交战失利，于是构筑壁垒，顽强固守，等待援兵到来。秦王得知赵国运粮通道被截断，亲自到河内封赏给百姓爵位各一级，征调15岁以上的青壮年集中到长平战场，以拦截赵国的救兵，断绝他们的粮道。到了九月，赵国士兵断绝口粮已达46天，军内士兵暗中杀人充饥。困厄已极的赵军扑向秦军营垒，打算突围而逃。赵括亲自率领精锐士兵与秦军交战。秦军射死赵括，大败赵军，赵军士兵40万人向武安君投降。武安君算计说："前时秦军拿下上党，上党百姓不甘心做秦国的臣民而归附赵国。赵国士兵变化无常，如不全部杀死，恐怕要出乱子。"于是以欺骗手段将赵国降兵全部活埋，只留下年纪尚小的士兵240人放回赵国。此战秦军斩首擒杀赵国士卒45万人，赵国举国震惊。

【出处】

四十七年，秦使左庶长王龁攻韩，取上党。上党民走赵。赵军长平，以按据上党民。四月，龁因攻赵。赵使廉颇将。赵军士卒犯秦斥兵，秦斥兵斩赵裨将茄。六月，陷赵军，取二鄣四尉。七月，赵军筑垒壁而守之。秦又攻其垒，取二尉，败其阵，夺西垒壁。廉颇坚壁以待秦，秦数挑战，赵兵不出。赵王数以为让。而秦相应侯又使人行千金于赵为反间，曰："秦之所恶，独畏马服子赵括将耳，廉颇易与，且降矣。"赵王既怒廉颇军多失亡，军数败，又反坚壁不敢战，而又闻秦反间之言，因使赵括代廉颇将以击秦。秦闻马服子将，乃阴使武安君白起为上将军，而王龁为尉裨将，令军中有敢泄武安君将者斩。赵括至，则出兵击秦军。秦军详败而走，张二奇兵以劫之。赵军逐胜，追造秦壁。壁坚拒不得入，而秦奇兵二万五千人绝赵军后，又一军五千骑绝赵壁间，赵军分而为二，粮道绝。而秦出轻兵击之。赵战不利，因筑壁坚守，以待救至。秦王闻赵食道绝，王自之河内，赐民爵各一级，发年十五以上悉诣长平，遮绝赵救及粮食。至九月，赵卒不得食四十六日，皆内阴相杀食。来攻秦垒，欲出。为四队，四五复之，不能出。其将军赵括出锐卒自搏战，秦军射杀赵括。括军败，卒四十万人降武安君。武安君计曰："前秦已拔上党，上党民不乐为秦而归赵。赵卒反覆。非尽杀之，恐为乱。"

乃挟诈而尽坑杀之，遗其小者二百四十人归赵。前后斩首虏四十五万人。赵人大震。(《史记·白起王翦列传》)

必为三公

秦昭襄王四十八年十月，秦军再次平定上党郡。随后，秦军兵分两路：王龁攻下皮牢，司马梗平定太原。韩、赵两国十分害怕，派苏代携带厚礼到秦国游说丞相应侯说："武安君擒杀赵括了吗?"应侯回答说："是。"苏代又问："就要围攻邯郸吗?"应侯回答说："是的。"于是苏代说："赵国灭亡，秦王就要君临天下了。武安君为秦国攻占的城邑有七十多座，南边平定了楚国的鄢、郢及汉中地区，北边俘获了赵括的40万大军，历史上赫赫有名的周公、召公和吕望的功劳也不过如此。如果赵国灭亡，秦王君临天下，武安君一定会位居三公，您能屈居他之下吗?秦军上次进攻韩国之后，上党的百姓都转归赵国，天下百姓不甘做秦国臣民的日子已经很久了。如果灭掉赵国，它北边的土地将落入燕国，东边的土地将并入齐国，南边的土地将归入韩魏二国，那么秦国得到的百姓能有多少呢?还不如趁韩国、赵国惊恐之际让它们割让土地，不要再增加武安君的功勋了。"应侯于是向秦王进言说："秦国士兵太劳累了，请您准许韩国和赵国割地讲和，暂且让士兵们休整一下。"秦王听从了应侯的意见，允许韩国割让垣雍、赵国献出6座城邑来讲和。正月，双方停止交战。武安君得知停战消息，从此与应侯交恶。

【出处】

四十八年十月，秦复定上党郡。秦分军为二：王龁攻皮牢，拔之；司马梗定太原。韩、赵恐，使苏代厚币说秦相应侯曰："武安君禽马服子乎?"曰："然。"又曰："即围邯郸乎?"曰："然。""赵亡则秦王王矣，武安君为三公。武安君所为秦战胜攻取者七十余城，南定鄢、郢、汉中，北禽赵括之军，虽周、召、吕望之功不益于此矣。今赵亡，秦王王，则武安君必为三公，君能为之下乎?虽无欲为之下，固不得已矣。秦尝攻韩，围邢丘，困上党，上党之民皆反为赵，天下不乐为秦民之日久矣。今亡赵，北地入燕，东地入齐，南地入韩、魏，则君之所得民亡几何人。故不如因而割之，无以为武安君功也。"于是应侯言于秦王曰："秦兵劳，请许韩、赵之割地以和，且休士卒。"王听之，割韩垣雍、赵六城以和。正月，

皆罢兵。武安君闻之，由是与应侯有隙。（《史记·白起王翦列传》）

足以活民

秦国遭遇严重的饥荒，应侯请求说：“五苑的草薯、蔬菜、栋树果、枣子、栗子，足以养活百姓，请您把它们分发给民众吧。”秦昭王说：“秦国的法令，是百姓有功受赏，有罪受罚。现在开放五苑的蔬菜瓜果，就是不论有功无功都让老百姓得到赏赐。那样一来，国家就会陷入混乱。开放五苑而使国家陷入混乱，不如扔掉这些瓜果蔬菜而使国家太平。”①

【出处】

秦大饥，应侯请曰：“五苑之草著、蔬菜、橡果、枣栗，足以活民，请发之。”昭襄王曰：“吾秦法，使民有功而受赏，有罪而受诛。今发五苑之蔬草者，使民有功与无功俱赏也。夫使民有功与无功俱赏者，此乱之道也。夫发五苑而乱，不如弃枣蔬而治。”（《韩非子·外储说右下第三十五》）

周人怀璞

应侯说：“郑国人把没有经过加工的玉称为璞，周人把没有晾干的老鼠肉叫作朴。有个周人怀里揣着没有晾干的老鼠肉，从郑国商人的门前经过，问他说：‘要不要买朴？’郑国商人回答说：‘想买。’周人拿出朴来。郑国商人一看，原来是没有晾干的老鼠肉，于是辞谢不买。如今平原君的贤名扬于天下，却将主父赵武灵王送往沙丘贬为臣民，各国君王还照样尊敬他，说明君王们还不如郑国商人聪明，被平原君的名声所惑，而不了解他的本质。”

【出处】

应侯曰：“郑人谓玉未理者璞，周人谓鼠未腊者朴。周人怀璞过郑贾曰：‘欲买朴乎？’郑贾曰：‘欲之。’出其朴，视之，乃鼠也，因谢不取。今平原君自以贤显名于天下，然降其主父沙丘而臣之，天下之王尚犹尊之，是天下之王不如郑贾之智也，眩于名，不知其实也。”（《战国策·秦三》）

---

① 另一种说法：令发五苑之蓏、蔬、枣、栗，足以活民，是用民有功与无功争取也。夫生乱，不如死而治，大夫其释之。参见《韩非子·外储说右下第三十五》。

足以活民

无危乃悔

韩、魏、齐三国军队集结到了韩国，秦王对楼缓说："三国军队就要深入我国了！我想割让河东之地与他们讲和，怎么样？"楼缓回答说："割让河东，是大代价；免除国家祸患，是大功劳。这是宗族老臣的责任，大王为什么不召见公子汜来征询意见呢？"秦王召见公子汜并告知了有关情况，公子汜对答说："讲和也会后悔，不讲和也会后悔。大王眼下如果割让河东而讲和，三国撤兵后，大王一定会说：'三国本来就要回去了，我白白把三座城送给了他们。'如果不讲和吧，三国军队就会进入韩国，那么秦国一定要大动干戈，大王您一定会非常后悔，会说：'这是没有献出三座城池的过错。'所以我说：'大王讲和也会后悔，不讲和也会后悔。'"秦王说："既然都会后悔，我宁可丧失三城池而后悔，也不想等到国家危亡了才去后悔。我决定讲和了。"应侯对秦王说："大王占领了宛、叶、蓝田、阳夏几个地方，拦腰切断了河内，围困了梁、郑，之所以到现在还没有称王天下，是因为赵国还没有顺服。假使放弃上党，那不过是丢掉一个郡罢了；用兵逼近东阳的话，邯郸就成了口中的虱子。大王拱手而使天下来朝，迟到的就用兵拿下！但是上党是个安乐之乡，它的地位很要紧，我怕劝您放弃而您不会听从，怎么办呢？"秦王说："我一定放弃上党，改变进攻目标。"

【出处】

三国兵至韩，秦王谓楼缓曰："三国之兵深矣！寡人欲割河东而讲，何如？"对曰："夫割河东，大费也；免国于患，大功也。此父兄之任也，王何不召公子汜而问焉？"王召公子汜而告之，对曰："讲亦悔，不讲亦悔。王今割河东而讲，三国归，王必曰：'三国固且去矣，吾特以三城送之。'不讲，三国也入韩，则国必大举矣，王必大悔。王曰：'不献三城也。'臣故曰：'王讲亦悔，不讲亦悔。'"王曰："为我悔也，宁亡三城而悔，无危乃悔。寡人断讲矣。"应侯谓秦王曰："王得宛、叶、蓝田、阳夏，断河内，困梁、郑，所以未王者，赵未服也。弛上党在一而已，以临东阳，则邯郸口中虱也。王拱而朝天下，后者以兵中击之。然上党之安乐，其处甚剧，臣恐弛之而不听，奈何？"王曰："必弛易之矣。"(《韩非子·内储说上七术第三十》)

前功尽灭

西周策士苏厉为避免大梁城破后，秦军进犯西周，于是希望周君能说服白起放弃这次行动。苏厉对周君说："打败韩、魏联军，杀掉魏将犀武，攻下赵国的蔺、离石、祁三城的，都是秦将白起，这是他善于用兵，又有上天保佑的缘故。如今攻打魏国，魏国定被攻破，则周岌岌可危，你不如设法制止他。可对白起说：'楚国的养由基是射箭能手，能够百步穿杨，百发百中。但是如果不调养气息，就会精神疲倦。此时一箭不中，就会前功尽弃。您现在的情形与养由基何其相似！您率军击败韩、魏，斩杀魏国大将犀武，向北攻赵又打了一连串胜仗。您的功劳已经很多，现攻打魏都大梁，胜了不见得能增加多少功劳，如果进攻不利，岂不前功尽弃？您不如假称身体有病，不去攻打魏都大梁。'"

【出处】

苏厉谓周君曰："败韩、魏，杀犀武，攻赵，取蔺、离石、祁者，皆白起。是攻用兵，又有天命也。今攻梁，梁必破，破则周危，君不若止之。谓白起曰：'楚有养由基者，善射，去柳叶者百步而射之，百发百中。左右皆曰善。'有一人过曰，善射，可教射也矣。养由基曰：'人皆曰善。子乃曰可教射，子何不代我射之也。客曰：'我不能教子支左屈右。夫射柳叶者，百发百中而不已善息，少焉气力倦，弓拨矢钩，一发不中，前功尽矣。今公破韩、魏，杀犀武，而北攻赵，取蔺、离石、祁者，公也。公之功甚多。今公又以秦兵出塞，过两周，践韩而以攻梁，一攻而不得，前功尽灭。公不若称病不出也。'"（《战国策·西周策》）

不谋而信

白起说："当时楚王倚仗楚国为大国，不理国政，而大臣互相嫉妒争功，楚国奸臣掌权当道，良臣受到排挤，百姓离心离德，城池缺乏守备，所以我能够领兵深入楚国，占领很多城邑，拆除桥梁，烧毁船只，断绝归路，来坚定战士们英勇作战的决心，并在郊野掠夺食物补充军粮。在这个时候，秦国的士兵以军队为家，以将帅为父母。没有经过约定，大家都很亲近；没有经过商量，大家都很信任。全军上下同心同德，抱着必死的信念一往无前。相反，楚国人在自己的国家作战，都只关心自己的小家，将士离心离德，毫无斗志。因此我才能建立战功。"

【出处】

武安君曰："是时楚王恃其国大，不恤其政，而群臣相妒以功，谄谀用事，良臣斥疏，百姓心离，城池不修，既无良臣，又无守备。故起所以得引兵深入，多倍城邑，发梁焚舟以专民以，掠于郊野以足军食。当此之时，秦中士卒以军中为家，将帅为父母，不约而亲，不谋而信，一心同功，死不旋踵。楚人自战其地。咸顾其家，各有散心，莫有斗志，是以能有功也。"（《战国策·中山策》）

怏怏不服

秦王以王龁代替王陵统率部队围攻邯郸，围了八九个月也没能攻下来。楚国派春申君同魏公子信陵君率领数十万士兵增援赵国。秦军损失、伤亡很多。武安君白起私下埋怨说："秦王不听我的意见，现在怎样？"秦王听说，怒火中烧，强令武安君赴任。武安君称病不出，应侯再请，仍辞不赴任。秦王于是下令将他削职为民，让其离开咸阳迁往阴密。武安君以病重为由不走。三个月后，诸侯联军加紧攻秦，秦军屡次退却。秦王派人驱逐白起，不许他留在咸阳城里。武安君离开咸阳，到达杜邮。秦昭王得知白起心有怨言，仍有不服，于是派遣使者赐剑令其自杀。武安君仰天长叹说："我有何罪，竟落得如此下场。"沉默一下，又说："我本来该死。长平之战，赵国士兵投降的有几十万人，我用欺诈之术竟将他们全部活埋，这足够死罪了。"随即自杀。

【出处】

秦王使王龁代陵将，八九月围邯郸，不能拔。楚使春申君及魏公子将兵数十万攻秦军，秦军多失亡。武安君言曰："秦不听臣计，今如何矣？"秦王闻之，怒，强起武安君，武安君遂称病笃。应侯请之，不起。于是免武安君为士伍，迁之阴密。武安君病，未能行。居三月，诸侯攻秦军急，秦军数却，使者日至。秦王乃使人遣白起，不得留咸阳中。武安君既行，出咸阳西门十里，至杜邮。秦昭王与应侯群臣议曰："白起之迁，其意尚怏怏不服，有余言。"秦王乃使使者赐之剑，自裁。武安君引剑将自刭，曰："我何罪于天而至此哉？"良久，曰："我固当死。长平之战，赵卒降者数十万人，我诈而尽坑之，是足以死。"遂自杀。武安君之死也，以秦昭王五十年十一月。死而非其罪，秦人怜之，乡邑皆祭祀焉。《史记·白起王翦列传》

一饭之德必偿

范雎担任秦相之后，王稽对他说："天下有三件事不可预知，也有三件事是无可奈何的。君王、您和我哪天死去是三件不可预知的事情。如果君王哪天死了，即便您因为我没被君王重用而遗憾，那也是无可奈何的事情；如果哪天您突然死了，即便您为没来得及报答我感到遗憾，也是无可奈何的事情；假如我哪天突然死了，即便您因为没及时推荐我感到遗憾，那也是无可奈何的事情。"范雎听了闷闷不乐，于是入宫对秦王说："如果不是王稽对秦国的忠诚，就不能把我带进函谷关；如果不是大王贤能圣明，我也不会得到重用。如今我位至相国，爵在列侯，但王稽还仅仅是个谒者，这应该不是他带我进关的本意吧。"秦昭王于是召见王稽，任命他为河东郡守，下令三年内可以不向朝廷报告郡内治理情况。范雎又向秦昭王举荐郑安平，昭王又任命郑安平为将军。① 此外范雎又拿出家中的财物，用来报答所有帮助过他而处境困难的人。

【出处】

范雎既相，王稽谓范雎曰："事有不可知者三，有不可奈何者亦三。宫车一日晏驾，是事之不可知者一也。君卒然捐馆舍，是事之不可知者二也。使臣卒然填沟壑，是事之不可知者三也。宫车一日晏驾，君虽恨于臣，无可奈何。君卒然捐馆舍，君虽恨于臣，亦无可奈何。使臣卒然填沟壑，君虽恨于臣，亦无可奈何。"范雎不怿，乃入言于王曰："非王稽之忠，莫能内臣于函谷关；非大王之贤圣，莫能贵臣。今臣官至于相，爵在列侯，王稽之官尚止于谒者，非其内臣之意也。"昭王召王稽，拜为河东守，三岁不上计。又任郑安平，昭王以为将军。范雎于是散家财物，尽以报所尝困厄者。一饭之德必偿，睚眦之怨必报。(《史记·范雎蔡泽列传》)

日中则移，月满则亏

秦相范雎因举荐的郑安平、王稽犯下重罪内心惭愧不已。蔡泽得知这个消息，决定西行入秦游宦。临行前，故意口出豪言激怒范雎说："燕国大纵横家蔡

① 郑安平后来在秦赵邯郸之战中被赵军俘虏，被迫投降，并被封为武阳君。《吕氏春秋·慎行论·无义》对其降赵的行为予以谴责。

泽，是天下雄辩豪杰之士。只要见到秦王，必定会被任命为相，取代范雎的位置。”范雎得知消息，派人召来蔡泽，问他说：“你曾扬言将取代我的相国职位，有这回事吗？”蔡泽回答说：“有。”范雎说：“那我想听听是什么道理？”蔡泽说：“唉，阁下的反应为什么如此迟钝呢！即便是四季的变化，也是本着‘功成身退’的自然法则。人活在世上，手脚麻利，耳聪目明，内心像圣人一样充满智慧，哪个人不是这样想的？”范雎点头说：“你说得很对。”蔡泽又说：“古谚说得好，‘太阳到了中午就开始下落，月亮到最圆的时候就开始变亏。’万物都是盛极而衰，这是自然规律。是进是退，是伸是缩，都要随着时间变化，这是圣人认定的常理。齐桓公九合诸侯，一匡天下，到葵丘之会就显出骄傲之色，于是有九个国家背叛他。吴王夫差自以为天下无敌，轻视诸侯，欺凌齐晋，到后来落得国破身亡。夏育、太史启等人一声叱咤震撼三军，最终却死于凡人之手。这都是盛极而衰的例子。商鞅变法致使秦军无敌于天下，最后却被五马分尸。白起为秦国攻下的城池有七十多座，最后却在杜邮被秦王赐死。吴起为楚国革除弊政，最后却死于楚人的乱箭齐发。大夫文种助越王完成霸业，后来被赠剑赐死。这四位贤臣都是因功成而不退，才招致杀身之祸，这就是所谓‘伸而不能屈，往而不能返’。只有范蠡懂得明哲保身，超然避世，成为陶朱公。阁下没有看过赌博的情景吗？有时想孤注一掷，有时想步步为营，这些都是阁下明白的道理。如今阁下身为相国，功勋已无以复加，此刻如果不知及时隐退，商鞅、吴起、文种之祸就不远了。您为何不在此时交还相印，虚位以待贤人？这样既可博取伯夷一样的美名，又可长享富贵，世代称孤，更能和仙人王子乔、赤松子一般长寿。又何必要以惨剧收场呢？”范雎深以为是，于是请蔡泽入座，待以上宾之礼。过了几天，范雎入朝拜见昭王说：“有位新从山东来的客人蔡泽，非常雄辩，臣阅人无数，感觉无人能比，臣自愧不如。”于是昭王召见蔡泽，与他交谈甚欢，拜为客卿。范雎称病请辞相位，昭王不准，范雎推言病重，昭王才准许，拜蔡泽为相。

【出处】

蔡泽见逐于赵，而入韩、魏，遇夺釜鬲于涂。闻应侯任郑安平、王稽皆负重罪，应侯内惭。乃西入秦，将见昭王。使人宣言以感怒应侯曰：“燕客蔡泽，天下骏雄弘辩之士也。彼一见秦王，秦王必相之而夺君位。”应侯闻之，使人召蔡泽。蔡泽入，则揖应侯，应侯固不快，及见之，又倨。应侯因让之曰：“子尝宣言代我相秦，岂有此乎？”对曰：“然。”应侯曰：“请闻其说。”蔡泽曰：“吁！何君见之晚也。夫四时之序，成功者去。夫人生手足坚强，耳目聪明圣知，岂非士之所愿与？”应侯曰：“然。”蔡泽曰：“……语曰：‘日中则移，月满则亏。’物盛则衰，天之常数也；进退、盈缩、变化，圣人之常道也。昔者齐桓公九合诸侯，一匡天下，至葵丘之会，有骄矜之色，畔者九国。吴王夫差无敌于天下，轻诸侯，凌齐、晋，遂以杀身亡国。夏育、太史启叱呼骇三军，然而身死于庸夫。此皆乘至盛不及道理也。夫商君为孝公平权衡、正度量、调轻重，决裂阡陌，教民耕战，是以兵动而地广，兵休而国富，故秦无敌于天下，立威诸侯。功已成，遂以车裂。楚地持戟百万，白起率数万之师以与楚战，一战举鄢、郢，再战烧夷陵，南并蜀、汉，又越韩、魏攻强赵，北坑马服，诛屠四十余万之众，流血成川，沸声若雷，使秦业帝。自是之后，赵、楚慑服，不敢攻秦者，白起之势也。身所服者七十余城，功已成矣，赐死于杜邮。吴起为楚悼罢无能，废无用，损不急之官。塞私门之请，壹楚国之俗，南攻杨越，北并陈、蔡，破横散从，使驰说之士无所开其口。功已成矣，卒支解。大夫种为越王垦草创邑，辟地殖谷，率四方士，上下之力，以禽劲吴，成霸功，勾践终棓而杀之。此四子者，成功而不去，祸至于此。此所谓信而不能诎，往而不能反者也。范蠡知之，超然避世，长为陶朱。君独不观博者乎？或欲大投，或欲分功。此皆君之所明知也。今君相秦，计不下席，谋不出廊庙，坐制诸侯，利施三川，以实宜阳，决羊肠之险，塞太行之口，又斩范、中行之途，栈道千里，通于蜀、汉，使天下皆畏秦。秦之欲得矣，君之功极矣，此亦秦之分功之时也！如是不退，则商君、白公、吴起、大夫种是也。君何不以此时归相印，让贤者授之，必有伯夷之廉；长为应侯，世世称孤，而有乔、松之寿。孰与以祸终哉！此则君何居焉？”应侯曰：“善。”乃延入坐为上客。后数日，入朝，言于秦昭王曰：“客新有从山东来者蔡泽，其人辩士。臣之见人甚众，莫有及者，臣不如也。”秦昭王召见，与语，大说之，拜为客卿。应侯因谢病，请归相印。昭王强起应侯，应侯遂称笃，因免相。昭王新说蔡泽计画，遂拜为秦相，东收周室。（《战国策·秦三》）

三人成虎

秦军攻打邯郸，苦战17个月仍然无法攻克。佚庄对王稽说：“您为什么不赏赐下级军官呢？”王稽说：“君王信任我，不会听信谗言。”佚庄说：“不对，即便是父子关系，也有令在必行和必不行之分。比如说‘休掉娇妻，卖掉爱妾’，就是一道必行的命令，但‘不准许想念妻妾’，就是一道必不能行的命令。看守大门的老太婆说：‘某日晚上，某年轻媳妇召进一个野男人。’娇妻已休，爱妾已卖，允许有思念之情。老太婆并没有教唆年轻媳妇，思淫之心人皆有之。现在阁下虽然很得君王宠信，但能超过父子之亲吗？下级军官身份虽贱，总不会低于看门的老太婆吧。况且阁下仰仗君王的宠信，平日一直轻视部下。常言说：‘三个人说大街上有老虎，大家就会相信真的有虎；认为十个力士可以折弯铁椎，大家也会信以为真；只要大家异口同声，没有翅膀的物品也可以飞起来。’所以不如赏赐诸将善待他们。”王稽没有采纳佚庄的建议。后来部下果然诬告王稽和杜挚谋反。昭王大怒，连范雎也要一并制裁。范雎说：“臣只不过是东方乡间的一介草民，由于得罪了楚、魏两国，才逃到秦国来。臣没有诸侯的支援，也没有亲友在朝中。大王在臣流浪时给予重用，托付军国大任，是大王过分抬举我以告示天下。臣情愿服毒而死，祈求大王以宰相之礼葬臣。这样大王就不会担上误用重臣之名。”秦昭王说：“有理。”于是仍然厚待范雎。

【出处】

秦攻邯郸，十七月不下。庄谓王稽曰：“君何不赐军吏乎？”王稽曰：“吾与王也，不用人言。”庄曰：“不然。父之于子也，令有必行者，必不行者。曰‘去贵妻，卖爱妾’，此令必行者也；因曰‘毋敢思也’，此令必不行者也。宁间妪曰‘其夕，某懦子内某士’。贵妻已去，爱妾已卖，而心不有。欲教之者，人心固有。今君虽幸于王，不过父子之亲；军吏虽贱，不卑于守间妪。且君擅主轻下之日久矣。闻‘三人成虎，十夫楺椎。众口所移，毋翼而飞’。故曰，不如赐军吏而礼之。”王稽不听。军吏穷，果恶王稽、杜挚以反。秦王大怒，而欲兼诛范雎。范雎曰：“臣，东鄙之贱人也，开罪于魏，遁逃来奔。臣无诸侯之援，亲习之故，王举臣于羁旅之中，使职事，天下皆闻臣之身与王之举也。今愚惑或与罪人同心，而王明诛之，是王过举显于天下，而为诸侯所议也。臣愿请药赐死，而恩以相葬臣，王必不失臣之罪，而无过举之名。”王曰：“有之。”遂弗杀而善遇之。（《战国策·秦三》）

肘足接于车

秦昭王问左右的近臣说：“如今的韩国和魏国，是否强过当年？”回答说：“已不如当年。”昭王又问：“如今的如耳、魏齐，其才能与当年的田文、芒卯能否相比？”回答说：“不能。”昭王说：“以田文与芒卯这样的贤才，率领强大的韩魏联军来攻打秦国，也奈何寡人不得。如今是无能的如耳、魏齐率领疲弱的韩魏之兵，又能奈我何！这不是明摆着的么。”左右都附和说：“大王说得很对。”大臣中期推开面前的琴说：“君王对形势的判断错了。晋国六卿时代，以智氏最强，智氏灭范、中行氏，率领韩、魏联军围赵襄子于晋阳，决开晋水来淹晋阳。仅差六尺晋水就要把全城淹没。当智伯坐战车巡视水势时，韩康子给他拉马，魏桓子在一旁侍坐。智伯说：‘当初我不知道水可以灭人国家，现在我才知道。汾水可以淹没魏都安邑，绛水可以淹没韩都平阳。’魏桓子用胳膊肘碰了碰韩康子，韩康子用脚踢了踢魏桓子的脚跟。手脚相碰就敲定了颠覆智伯的策略。后来智伯身死国亡，被天下人耻笑。眼下秦国虽强，却还没有超过智伯；韩、魏虽弱，却也不在当年围困晋阳之下。此时正是韩魏肘足相接的时候，但愿大王不要麻痹大意。”①

【出处】

秦昭王谓左右曰：“今日韩、魏，孰与始强？”对曰：“弗如也。”王曰：“今之如耳、魏齐，孰与孟尝、芒卯之贤？”对曰：“弗如也。”王曰：“以孟尝、芒卯之贤，帅强韩、魏之兵以伐秦，犹无奈寡人何也！今以无能之如耳、魏齐，帅弱韩、魏以攻秦，其无奈寡人何，亦明矣！”左右皆曰：“甚然。”中期推琴对曰：“王之料天下过矣。昔者六晋之时，智氏最强，灭破范、中行，帅韩、魏以围赵襄子于晋阳。决晋水以灌晋阳，城不沉者三板耳。智伯出行水，韩康子御，魏桓子骖乘。智伯曰：‘始吾不知水之可亡人之国也，乃今知之。汾水利以灌安邑，绛水利以灌平阳。’魏恒子肘韩康子，康子履魏恒子，蹑其踵。肘足接于车上，而智氏分矣。身死国亡，为天下笑。今秦之强，不能过智伯；韩、魏虽弱，尚贤在晋阳之下也。此乃方其用肘足时也，愿王之勿易也。”（《战国策·秦四》）

徐行而去

秦昭王与大臣中期争论，被中期说得理屈辞穷。昭王勃然大怒，中期却从容不迫地走了。有人替中期向昭王解释说：“中期是个直言无忌的人，幸亏遇到宽宏大量的明君。如果生在夏桀、商纣的时代，必死无疑。”秦王因而没有责怪中期。

【出处】

秦王与中期争论，不胜。秦王大怒，中期徐行而去。或为中期说秦王曰：“悍

① 《韩非子·难三第三十八》认为近侍和中期的回答都有错误。

人也。中期适遇明君故也，向者遇桀、纣，必杀之矣。”秦王因不罪。（《战国策·秦五》）

中朝而叹

秦昭王在朝廷上感叹说：“楚国的长剑锋利，歌伎乐舞却很拙劣。武器锋利，士兵作战时就显得强壮威猛；歌伎乐舞拙劣，说明他们的国君深谋远虑。我担心楚国会威胁到秦国啊。”在平安时想到凶险，在生存时不忘危亡，这样才能成就霸业。

【出处】

秦昭王中朝而叹曰：“夫楚剑利、倡优拙。夫剑利则士多慓悍，倡优拙则思虑远也，吾恐楚之谋秦也。”此谓当吉念凶，而存不忘亡也，卒以成霸焉。（《说苑·指武》）

四海之内若一家

秦昭王问孙卿说：“儒学对国家没什么帮助吧？”孙卿说：“儒家学派的人主张效法古代的圣王，尊崇礼义，谨慎为臣，努力使他们的君主受到人们的敬仰。君主任用他，他会忠于职守；如果弃之不用，他会做一个本分的老百姓。即便穷困冻饿，也绝不会去干邪门歪道的事。纵然身无立锥之地，一样胸怀治理国家的大计；虽然奔走呼号没人呼应，但却满腹经纶。让他身处高位，他能挑起天子、诸侯的重任；身处下层，他也是国家可以依赖的栋梁之才。就算隐居于穷乡僻壤的陋室里，也没有人敢小瞧他们，因为他们有令人敬仰的高尚品德。孔子担任鲁国大司寇之时，羊贩子沈犹氏不敢在早上往羊肚子里灌水，公慎氏休掉了他淫乱的老婆，品行不端的慎溃氏吓得逃离了鲁国，牛马贩子都不敢漫天要价，这就是孔子一身正气的震慑作用。孔子住在阙里时，阙里的年轻人出去打鱼捕猎，回来分给父母亲人的总会多些，这都是受到孔子重视孝行的行为感化。儒者在朝廷为官，会着力于完善朝政；在乡野为民，会致力于风俗教化。”秦昭王说：“那要位居上层呢？”孙卿答道：“那他们发挥的作用就大了。他们会心怀坚定的意志，以礼节来整饬朝纲，用制度来端正官吏的行为，使老百姓养成忠、信、爱、利的好品德。哪怕做一件不义的事、杀一个无罪的人就能得到天下，儒者也绝不会干。他们的高义赢得世人的信赖，声名享誉海内外。身边的人歌颂他、拥戴他，远处的人不辞辛劳投奔他，效法他。四海之内亲如一家，人类足迹所能到达的地方，没有人不愿意追随他，这就是所说的‘为人师表’啊。《诗经》说：‘从西到东，从南到北，没有人不心悦诚服。’怎么能说他们对国家没有帮助呢？”秦昭王说：“您说得对。”

【出处】

秦昭王问孙卿曰：“儒无益于人国。”孙卿曰：“儒者法先王，隆礼义，谨乎臣子，而能致贵其上者也。人主用之，则进在本朝；置而不用，则退编百姓，而敌必为顺下矣。虽穷困冻馁，必不以邪道为食，置无锥之地，而明于持社稷之大计，叫呼而莫之能应，然而通呼裁万物，养百姓之经纪。势在人上，则王公之才也；在人下，则社稷之臣，国君之宝也。虽隐于穷闾漏屋，人莫不贵之，道诚存也。仲尼为鲁司寇，沈犹氏不敢朝饮其羊，公慎氏出其妻，慎溃氏踰境而走，鲁之鬻牛马不豫贾，布正以待之也。居于阙党，阙党之子弟，罔罟分有亲者取多，孝悌以化之也。儒者在本朝则美政，在下位则美俗，儒之为人下如是矣。王曰：“然则其为人上何如？”孙卿对曰：“其为人也广大矣。志意定乎内，礼节修乎朝，法则度量正乎官，忠信爱利形乎下，行一不义，杀一无罪而得天下，不为也。若义信乎人矣，通于四海，则天下之外，应之而怀之，是何也？则贵名白而天下治也。故近者歌讴而乐之，远者竭走而超之，四海之内若一家，通达之属，莫不从服，夫是之谓人师。《诗》曰：‘自西自东，自南自北，无思不服。’[①]此之谓也。夫其为人下也，如彼为人上也，如此何为其无益人之国乎？”昭王曰：“善。”（《新序·杂事第五》）

秦赵相与约

秦国和赵国在空雄盟会的时候相互订立盟约，盟约说：“从今以后，秦国想做的事，赵国给予帮助；赵国想做的事，秦国给予配合。”过后不久，秦国发兵攻打魏国，赵国想出兵相救。秦王很不高兴，派人责备赵王说：“盟约说：‘秦国想做的事情，赵国给予帮助；赵国想做的事情，秦国予以合作。’现在秦国想攻打魏国，赵国反而要出兵援救，这不符合盟约啊。”赵王把秦王的话告诉平原君，平原君又转告公孙龙，公孙龙说：“赵王也可以派使臣去责备秦王说：‘赵国想援救魏国，秦国却不支持赵国，这不符合盟约啊。”

① 自西自东，自南自北，无思不服。出自《诗经·大雅·文王有声》。

【出处】

空雄之遇，秦、赵相与约，约曰：“自今以来，秦之所欲为，赵助之；赵之所欲为，秦助之。”居无几何，秦兴兵攻魏，赵欲救之。秦王不说，使人让赵王曰：“约曰：‘秦之所欲为，赵助之；赵之所欲为，秦助之。’今秦欲攻魏，而赵因欲救之，此非约也。”赵王以告平原君，平原君以告公孙龙，公孙龙曰：“亦可以发使而让秦王曰：‘赵欲救之，今秦王独不助赵，此非约也。’”（《吕氏春秋·审应览·淫辞》）

魏子为殉

秦宣太后私通大臣魏丑夫，宣太后生病临死之前，拟下遗诏说：“我死之后，一定要魏丑夫为我殉葬。”魏丑夫听说此事，非常忧虑。庸芮为魏丑夫出面游说宣太后说：“太后认为人死之后还有知觉吗？”宣太后说：“人死了哪里还有知觉呢。”庸芮说：“像太后这样睿智的人，明明知道人死了不会有知觉，为什么还要生前所爱的人陪葬没有知觉的死人呢？假如死人有知觉的话，先王对太后早就恨之入骨，太后赎罪还来不及呢，哪里还敢和魏丑夫有私情呢。”宣太后说：“你说得对。”于是放弃让魏丑夫陪葬的念头。

【出处】

秦宣太后爱魏丑夫。太后病将死，出令曰：“为我葬，必以魏子为殉。”魏子患之。庸芮为魏子说太后曰：“以死者为有知乎？”太后曰：“无知也。”曰：“若太后之神灵，明知死者之无知矣，何为空以生所爱，葬于无知之死人哉！若死者有知，先王积怒之日久矣，太后救过不赡，何暇乃私魏丑夫乎？”太后曰：“善。”乃止。（《战国策·秦二》）

秦楚之重

献则对公孙消说：“您是大臣中最受尊重的人，几次出征都立有战功。之所以没有做到相国的位置，是因为秦孝文后对您印象不好。辛戎是太后亲近的人，如今流亡于楚，住在东周。您何不借助秦、楚两国的势力，去帮助他谋求东周相国的位置呢？楚国也会协助您促成此事。辛戎有秦、楚两国做后盾，秦孝文后也会喜欢您，将来您做相国就十拿九稳了。”

【出处】

献则谓公孙消曰：“公，大臣之尊者也，数伐有功。所以不为相者，太后不善公也。辛戎者，太后之所亲也。今亡于楚，在东周。公何不以秦、楚之重，资而相之于周乎？楚必便之矣。是辛戎有秦、楚之重，太后必悦公，公相必矣。”《战国策·秦五》

奇货可居

子楚是秦王庶出的孙子，在赵国当人质，生活困顿，颇不得意。吕不韦到邯郸做生意见到了他，很同情子楚，心想：“子楚属于奇货，可以囤积。”于是去拜访子楚，对他说：“我能光大你的门庭。”子楚知道吕不韦的用意，拉他坐下深谈。吕不韦说：“秦王老了，安国君被立为太子。我私下听说安国君非常宠爱华阳夫人，华阳夫人没有儿子，但选谁为太子由她决定。你们兄弟有二十多个，你又排行中间，不受秦王宠幸，长期在外国当人质，即使秦王去世，安国君继位，太子之位也轮不到你。”子楚说：“是啊，能有什么办法呢？”吕不韦说：“你手头拮据，又客居在此，没有奉献亲友宾客的公关能力。我虽然谈不上富有，但愿意拿出千金来为你前往咸阳游说，侍奉安国君和华阳夫人，让他们立你为太子。”子楚叩头拜谢说：“如果能实现您的计划，我愿意与您共享秦国。”于是吕不韦拿出五百金送给子楚，作为他日常生活和交结宾客的费用；又拿出五百金购买珍奇玩物，而后前往秦国游说。吕不韦先拜见华阳夫人的姐姐，[①] 托她把带来的东西全都献给华阳夫人。顺便谈起子楚的聪明贤能，说他结交的诸侯宾客遍及天下，并说子楚常常对人们说他视夫人为自己的母亲一样，他日夜哭泣思念太子和夫人。夫人非常高兴。吕不韦乘机让华阳夫人的姐姐劝说华阳夫人：“我听说以美色来侍奉别人的，一旦色衰，宠爱也就随之减少。现在夫人侍奉太子，甚受宠爱，但是没有儿子。不如趁早在太子的儿子中选立一个为太子。这样，丈夫在世时受到尊重，丈夫死后也不会失势。如今子楚贤能，排行居中，按次序很难被立为继承人，而他的生母又不受宠爱，自然会依附夫人。如果提拔他为继承人，夫人一生都会受到尊宠啊。”华阳夫人于是趁太子方便的时候，委婉谈起在赵国做人质的子楚，说他非常贤能，来往的人都称赞他。接着就哭着说：“我有幸填

① 一说华阳夫人的弟弟阳泉君。

奇货可居

充后宫，但非常遗憾没有儿子，因此希望能立子楚为继承人，以便我日后有个依靠。”安国君于是和夫人刻下玉符，决定立子楚为继承人，并请吕不韦当他的老师。子楚的名声在诸侯中越来越大。吕不韦在邯郸时，与一位漂亮的歌女同居。一次吕不韦与子楚饮酒，子楚看上了这位歌女，请求吕不韦把歌女赐给他。开始吕不韦很生气，但转念一想，已经为子楚破费了大量钱财，为的是能借以钓取奇货，于是把歌女送给了子楚。当时歌女已经有孕在身，后来生下儿子，取名为政。于是子楚把这个女子立为夫人。

【出处】

子楚，秦诸庶孽孙，质于诸侯，车乘进用不饶，居处困，不得意。吕不韦贾邯郸，见而怜之，曰“此奇货可居也”。乃往见子楚，说曰：“吾能大子之门。”子楚笑曰：“且自大君之门，而乃大吾门！”吕不韦曰：“子不知也，吾门待子门而大。”子楚心知所谓，乃引与坐，深语。吕不韦曰：“秦王老矣，安国君得为太子。窃闻安国君爱幸华阳夫人，华阳夫人无子，能立适嗣者独华阳夫人耳。今子兄弟二十余人，子又居中，不甚见幸，久质诸侯。即大王薨，安国君立为王，则子毋几得与长子及诸子旦暮在前者争为太子矣。”子楚曰：“然。为之奈何？”吕不韦曰：“子贫，客于此，非有以奉献于亲及结宾客也。不韦虽贫，请以千金为子西游，事安国君及华阳夫人，立子为适嗣。”子楚乃顿首曰：“必如君策，请得分秦国与君共之。”吕不韦乃以五百金与子楚，为进用，结宾客；而复以五百金买奇物玩好，自奉而西游秦，求见华阳夫人姊，而皆以其物献华阳夫人。因言子楚贤智，结诸侯宾客遍天下，常曰：“楚也以夫人为天，日夜泣思太子及夫人。”夫人大喜。不韦因使其姊说夫人曰：“吾闻之，以色事人者，色衰而爱弛。今夫人事太子，甚爱而无子，不以此时蚤自结于诸子中贤孝者，举立以为适而子之，夫在则重尊，夫百岁之后，所子者为王，终不失势，此所谓一言而万世之利也。不以繁华时树本，即色衰爱弛后，虽欲开一语，尚可得乎？今子楚贤，而自知中男也，次不得为适，其母又不得幸，自附夫人，夫人诚以此时拔以为适，夫人则竟世有宠于秦矣。”华阳夫人以为然，承太子闲，从容言子楚质于赵者绝贤，来往者皆称誉之。乃因涕泣曰：“妾幸得充后宫，不幸无子，愿得子楚立以为适嗣，以托妾身。”安国君许之，乃与夫人刻玉符，约以为适嗣。安国君及夫人因厚馈遗子楚，而请吕不韦傅之，子楚以此名誉益盛于诸侯。吕不韦取邯郸诸姬绝好善舞者与居，知有身。子楚从不韦饮，见而说之，因起为寿，请之。吕不韦怒，念业已破家为子楚，欲以钓奇，乃遂献其姬。姬自匿有身，至大期时，生子政。子楚遂立姬为夫人。（《史记·吕不韦列传》）

楚服而见

子楚原名异人。吕不韦运作他回国谋求太子之位的时候，让他身穿楚国的服装去见华阳夫人。华阳夫人看到他的打扮十分高兴，认为他很有心计，亲切地说："我是楚国人。"于是认他为儿子，并替他更名为"楚"。一次，乘秦王闲暇，子楚进言说："陛下也曾羁留赵国，赵国的豪杰之士知道父王大名的不在少数。如今父王返回秦国，他们都惦念着您，可是父王却没有派使臣去看望他们。孩儿担心他们心生怨恨。希望父王将边境的城门迟开早闭，防患于未然。"秦王觉得他说得有理，为他的奇谋感到惊讶。华阳夫人乘机劝秦王立子楚为太子。秦王召来丞相，下诏说："寡人的儿子数子楚最能干。"于是立子楚为太子。后来子楚即位，任吕不韦为相国，封文信侯，并将蓝田十二县作为他的食邑。称王后为华阳太后，各国诸侯都给秦国送来封邑。

【出处】

异人至，不韦使楚服而见。王后悦其状，高其知，曰："吾楚人也。"而自子之，乃变其名曰楚，王使子诵，子曰："少弃捐在外，尝无师傅所教学，不习于诵。"王罢之，乃留止。间曰："陛下尝轫车于赵矣，赵之豪杰得知名者不少。今大王反国，皆西面而望。大王无一介之使以存之，臣恐其皆有怨心，使边境早闭晚开。"王以为然，奇其计。王后劝立之。王乃召相，令之曰："寡人子莫若楚。"立以为太子。子楚立，以不韦为相，号曰文信侯，食蓝田十二县。王后为华阳太后，诸侯皆致秦邑。(《战国策·秦五》)

增损一字予千金

战国末期，魏国有信陵君，楚国有春申君，赵国有平原君，齐国有孟尝君，四君子均礼贤下士，好结交天下宾客。吕不韦以秦国强大，不甘居于下风，于是也广招天下文人学士，给予优厚待遇，于是门下食客多达三千人。当时诸侯各国颇多辩士，像荀卿一样著书立说，流传天下。吕不韦也命门下食客记录所见所闻，编辑成册，分八览、六论、十二纪，共二十余万字。自以为包括了天地万物古往今来的事理，号称《吕氏春秋》。并将此书刊布于咸阳城墙上，遍请列国的游士宾客来看，说是若有人能增删一字，即给予千金之赏。

【出处】

当是时，魏有信陵君，楚有春申君，赵有平原君，齐有孟尝君，皆下士喜宾客以相倾。吕不韦以秦之强，羞不如，亦招致士，厚遇之，至食客三千人。是时诸侯多辩士，如荀卿之徒，著书布天下。吕不韦乃使其客人人著所闻，集论以为八览、六论、十二纪，二十余万言。以为备天地万物古今之事，号曰《吕氏春秋》。布咸阳市门，悬千金其上，延诸侯游士宾客有能增损一字者予千金。(《史记·吕不韦列传》)

张唐相燕

文信侯吕不韦想攻打赵国以扩张他在河间的封地，于是派刚成君蔡泽去燕国做大臣，经过三年的努力，燕国送太子丹到秦国做人质。文信侯又请张唐到燕国为相，想联合燕国攻伐赵国。张唐推辞说："到燕国要借道赵国，赵国正悬赏百里之地要抓我呢。"甘罗得知消息，声称有办法促成张唐之行。文信侯喝斥他说："我亲自出马他尚且不肯，你一个乳臭未干的小子，能有什么办法！"甘罗辩解说："项橐七岁时能做孔子的老师，我今年已十二岁，君侯为什么不让我去试试，干吗不由分说呵斥我呢！"于是甘罗拜见张唐，问他说："阁下认为您的功劳与武安君相比如何？"张唐说："武安君战功赫赫，攻城略地不可胜数，我哪里比得上他。"甘罗说："阁下果真认为自己比不上武安君吗？"张唐回答："是的。"甘罗又问："再问阁下，以应侯范雎与今日文信侯相比，哪一个权势更大些？"张唐说："应该是文信侯。"甘罗问："阁下确认吗？"张唐说："确认。"甘罗接着说："当年应侯想攻打赵国，武安君阻拦他，结果应侯在离咸阳七里的地方绞死他。现在文信侯亲自请您去燕国任相，阁下却不愿意接受，不知道阁下将身死何地啊。"张唐沉吟说："那就麻烦您转告文信侯说，我张唐很乐意接受这一使命。"于是让人准备车马盘缠，择日起程。甘罗又去对文信侯说："请替我准备五辆车子，让我先去赵国替张唐打通关节。"甘罗来到赵国，赵王亲自到郊外迎接他。甘罗问赵王说："大王听说太子丹入秦为质的事吗？"赵王说："听说了。"甘罗说："太子丹入秦也好，张唐到燕国也罢，目的只有一个，就是为了伐赵，扩张河间的地盘。大王若能送给我五座城邑去拓展河间的地盘，我就能使秦国遣还太子丹，并联合赵国一道攻打燕国。"赵王当即同意割让五座城邑，于是秦国打发太子丹归燕。赵国攻打燕国，得上谷三十六县，分给秦国十分之一的土地。

【出处】

文信侯欲攻赵以广河间，使刚成君蔡泽事燕三年，而燕太子质于秦。文信侯因请张唐相燕，欲与燕共伐赵，以广河间之地。张唐辞曰："燕者必径于赵，赵人得唐者，受百里之地。"文信侯去而不快。少庶子甘罗曰："君侯何不快甚也？"文信侯曰："吾令刚成君蔡泽事燕三年，而燕太子已入质矣。今吾自请张卿相燕而不肯行。"甘罗曰："臣请行之。"文信侯叱去，曰："我自行之而不肯，汝安能行之也？"甘罗曰："夫项橐生七岁而为孔子师，今臣生十二岁于兹矣，君其试臣，奚以遽言叱也！"甘罗见张唐曰："卿之功孰与武安君？"唐曰："武安君战胜攻取，不知其数，攻城堕邑，不知其数。臣之功不如武安君也。"甘罗曰："卿明知功之不如武安君欤？"曰："知之。""应侯之用秦也，孰与文信侯专？"曰："应侯不如文信侯专。"曰："卿明知为不如文信侯专欤？"曰："知之。"甘罗曰："应侯欲伐赵，武安君难之，去咸阳七里，绞而杀之。今文信侯自请卿相燕，而卿不肯行，臣不知卿所死之处矣！"唐曰："请因孺子而行！"令库具车，厩具马，府具币，行有日矣。甘罗谓文信侯曰："借臣车五乘，请为张唐先报赵。"见赵王，赵王郊迎。谓赵王曰："闻燕太子丹之入秦与？"曰："闻之。""闻张唐之相燕与？"曰："闻之。""燕太子丹入秦者，燕不欺秦也。张唐相燕者，秦不欺燕也。秦、燕不相欺，则伐赵，危矣。燕、秦所以不相欺者，无异故，欲攻赵而广河间也。今王赍臣五城以广河间，请归燕太子，与强赵攻弱燕。"赵王立割五城以广河间，归燕太子。赵攻燕，得上谷三十六县，与秦什一。（《战国策·秦五》）

亡赵之半

文信侯吕不韦出走之后，司空马出奔赵国，赵王让他代理相国。此时，秦国正调动兵马准备进攻赵国。司空马对赵王说："文信侯担任秦相时，臣在他手下做尚书，熟悉秦国的情况。如今臣得到大王的重用，熟悉赵国的情况，臣愿为大王将两国作一番比较，看看谁的胜算大些。大王认为，赵与秦哪个更强大一些？"赵王答说："赵国实力不如秦国。"司空马又问："哪个国家的人口多些？"答说："秦国多些。"又问："粮食钱币能不能与秦相比？"回答说："不能。""哪一国政令更严明？""还是秦国。"于是司空马说："既然赵国每一样都不如秦国，大王就等着亡国了。"赵王恳求说："希望先生不要嫌弃赵国，不吝赐教，寡人愿意听从先生的谋划。"司空马献策说："大王可以牺牲一半国土来献给秦王，秦国兵不血刃获得赵国半壁江山，必然满足。秦国得到土地，便会退兵回国暂作休整，赵国虽然仅剩半壁河山，还不足以亡国。秦国收到贿赂会日益骄横，山东诸侯必然恐慌；但是赵国灭亡就会危及诸侯，自然惊恐不安，从而出兵救赵，结成合纵之盟。臣请求为大王约会各路诸侯，如此大王名义上失去了半壁河山，实际上却得到山东各国的援助来共同抗秦，秦国就不难对付了。”赵王说：“不久前秦出兵攻赵，寡人为求自保，曾以河间十二县贿赂秦国，以致国土沦丧，兵力削弱，却始终逃不脱秦兵的逼迫。如今先生又建议割让半数国土，只恐秦国更加强大，赵国更无力自保，最终亡国。希望先生另出良策。”司空马说：“臣虽然出身于刀笔小吏，累官而积，仍是尚书小官，从来没有率兵打仗，臣请求率领赵国全军以抗击秦国。”赵王不愿意让司空马担任统帅。司空马无奈，只好说：“臣只有区区愚计，大王不纳，臣也没什么能奉献给大王了，臣请求离开赵国。”司空马离开邯郸，经过平原津。平源津令郭遗热情接待他，向他打听战事：“听说秦兵正在攻打赵国，客人自邯郸来，请问战况如何？”司空马认为赵王不采纳自己的建议，灭国只在早晚。郭遗说：“客人估计赵国能支撑多久？”司空马说：“赵王若能以武安君李牧为将，可以支撑一年；如果妄杀武安君，则不出半年就会亡国。赵王有宠臣韩仓，善于阿谀奉承、曲意逢迎，甚得赵王欢心。此人妒贤嫉能。如今赵国形势危急，赵王听信韩仓之言，武安君必死。”韩仓果然在赵王面前攻击李牧，赵王于是派人取代李牧为统帅。李牧引剑自杀后五个月，赵国就灭亡了。平原令郭遗每次见到朋友，总为司空马嗟叹不已。赵国放走了司空马，致使国家灭亡，可见亡国灭族，并非没有贤才辅佐，只是君主不能用贤罢了。

【出处】

文信侯出走，与司空马之赵，赵以为守相。秦下甲而攻赵。司马空说赵王曰：“文信侯相秦，臣事之，为尚书，习秦事。今大王使守小官，习赵事。请为大王设秦、赵之战，而亲观其孰胜。赵孰与秦大？”曰：“不如。”“民孰与之众？”曰：“不如。”“金钱粟孰与之富？”曰：“弗如。”“国孰与之治？”曰：“不如。”“相孰与之贤？”曰：“不如。”“将孰与之武？”曰：“不如。”“律令孰与之明？”曰：“不如。”司空马曰：“然则大王之国，百举而无及秦者，大王之国亡。”赵王曰：“卿不远赵，而悉教以国事，愿于因计。”司空马曰：“大王裂赵之半以赂秦，秦不接刃而得赵之半，秦必悦。内恶赵之守，外恐诸侯之救，秦必受之。秦受地而却兵，赵守半国以自存。秦衔赂以自强，山东必恐；亡赵自危，诸侯必惧。惧而相救，则从事可成。臣请大王约从。从事成，则是大王名亡赵之半，实得山东以敌秦，秦不足亡。”赵王曰：“前日秦下甲攻赵，赵赂以河间十二县，地削兵弱，卒不免秦患。

今又割赵之半以强秦，力不能自存，因以亡矣。愿卿之更计。”司空马曰：“臣少为秦刀笔，以官长而守小官，未尝为兵首，请为大王悉赵兵以遇。”赵王不能将。司空马曰：“臣效愚计，大王不用，是臣无以事大王，愿自请。”司空马去赵，渡平原。平原津令郭遗劳而问：“秦兵下赵，上客从赵来，赵事何如？”司空马言其为赵王计而弗用，赵必亡。平原令曰：“以上客料之，赵何时亡？”司空马曰：“赵将武安君，期年而亡；若杀武安君，不过半年。赵王之臣有韩仓者，以曲合于赵王，其交甚亲，其为人疾贤妒功臣。今国危亡，王必用其言，武安君必死。”韩仓果恶之，王使人代。武安君至，使韩仓数之曰：“将军战胜，王觞将军。将军为寿于前而捍匕首，当死。”武安君曰：“繓病钩，身大臂短，不能及地，起居不敬，恐惧死罪于前，故使工人为木材以接手。上若不信，繓请以出示。”出之袖中，以示韩仓，状如振捆，缠之以布。“愿公入明之。”韩仓曰：“受命于王，赐将军死，不赦。臣不敢言。”武安君北面再拜赐死，缩剑将自诛，乃曰：“人臣不得自杀宫中。”遇司空马门，趣甚疾，出諔门也。右举剑将近自诛，臂短不能及，衔剑征之于柱以自刺。武安君死五月，赵亡。平原令见诸公，必为言之曰：“嗟嗞乎，司空马！”又以为司空马逐于秦，非不知也；去赵，非不肖也。赵去司空马而国亡。国亡者，非无贤人，不能用也。（《战国策·秦五》）

请园池为子孙业

秦始皇灭掉韩、赵、魏三国，赶跑燕王喜，同时多次战胜楚军。秦国将领李信年少壮勇，曾经率领数千士兵将燕军撵至衍水，生俘太子丹。秦始皇认为李信贤能勇武，于是问他说：“如果要攻克楚国，将军估计需要调用多少人马？”李信回答说：“最多不过20万人。”秦始皇再问王翦，王翦回答说：“非60万人不可。”秦始皇说：“王将军老了，这么胆怯啊。李将军果敢勇武，他的话是对的。”于是派李信、蒙恬领兵20万向南攻打楚国。王翦推托有病，回到老家频阳养老。李信、蒙恬在平与、寝丘邑大败楚军，秦军继续挺进，李信又攻克鄢、郢。李信率部队向西前进，与蒙恬在城父会师。楚军跟随秦军，三天三夜马不停蹄，终于大破李信部队，攻入两个军营，杀死7个都尉，秦军大败而逃。秦始皇得知消息，大为震怒，亲自来到频阳，向王翦道歉说：“由于没有采纳您的建议，李信果然使秦军蒙受耻辱。听说楚军一天天向西逼进，将军虽然染病，难道忍心抛弃我吗？”王翦辞谢说：“老臣疲病昏聩，请大王另择良将。”秦始皇再次表示歉意说：“我已认错，将军不要再推辞了！”王翦说：“大王一定要以我为将，非60万人不可。”秦始皇满口答应说：“一切由将军来安排。”于是王翦率领60万大军出发。秦始皇亲自到灞上送行。王翦临出发时，向秦始皇讨要良田、美宅、园林池苑等诸多赏赐。秦始皇说：“将军尽管上路好了，还担心将来会过穷日子吗？”王翦说：“替大王带兵，即便有功也难封侯，趁着大王器重我，得抓紧为子孙后代置点家产啊。”秦始皇听了哈哈大笑。王翦到达函谷关，连续五次派使者回朝廷请求赏赐。手下人议论说：“将军也太过分了吧。”王翦说：“你们不懂。秦王性情粗暴为人多疑。现在大王把全国的军队都交给我来指挥，如果我不用请赏来表达出征的坚定意志，难道让秦王平白无故地疑虑我吗？”

【出处】

秦始皇既灭三晋，走燕王，而数破荆师。秦将李信者，年少壮勇，尝以兵数千逐燕太子丹至于衍水中，卒破得丹，始皇以为贤勇。于是始皇问李信：“吾欲攻取荆，于将军度用几何人而足？”李信曰：“不过用二十万人。”始皇问王翦，王翦曰：“非六十万人不可。”始皇曰：“王将军老矣，何怯也！李将军果势壮勇，其言是也。”遂使李信及蒙恬将二十万南伐荆。王翦言不用，因谢病，归老于频阳。李信攻平与，蒙恬攻寝，大破荆军。信又攻鄢、郢，破之，于是引兵而西，与蒙恬会城父。荆人因随之，三日三夜不顿舍，大破李信军，入两壁，杀七都尉，秦军走。始皇闻之，大怒，自驰如频阳，见谢王翦曰：“寡人以不用将军计，李信果辱秦军。今闻荆兵日进而西，将军虽病，独忍弃寡人乎？”王翦谢曰：“老臣罢病悖乱，唯大王更择贤将。”始皇谢曰：“已矣，将军勿复言！”王翦曰：“大王必不得已用臣，非六十万人不可。”始皇曰：“为听将军计耳。”于是王翦将兵六十万人，始皇自送至灞上。王翦行，请美田宅园池甚众。始皇曰：“将军行矣，何忧贫乎？”王翦曰：“为大王将，有功终不得封侯，故及大王之向臣，臣亦及时以请园池为子孙业耳。”始皇大笑。王翦既至关，使使还请善田者五辈。或曰：“将军之乞贷，亦已甚矣。”王翦曰：“不然。夫秦王怚而不信人。今空秦国甲士而专委于我，我不多请田宅为子孙业以自坚，顾令秦王坐而疑我邪？”（《史记·白起王翦列传》）

平荆地为郡县

王翦代替李信继续伐楚。楚王得知消息，调集全部兵力抵御秦兵。王翦抵达战场，采取坚壁固守的策略。楚军屡次挑战，他始终坚守不出。王翦让士兵们天天休息洗浴，供给上等饭菜抚慰他们，亲自与士兵同饮同食。过了一段时间，王翦派人去看看士兵们在玩什么游戏，回报说："正在比赛投石块，看谁扔得远。"王翦于是说："士兵可以用了。"楚军屡次挑战，秦军不肯应战，于是领兵向东而去。王翦趁机发兵追击，派身强力壮的战士实施强攻，大败楚军。追到蕲南，杀死楚军将领项燕，之后俘虏楚王负刍，平定楚国，将楚国分解为秦国的郡县。随后又南征百越，取得胜利，因功晋封武成侯。王翦的儿子王贲与李信随后攻陷了燕国和齐国。

【出处】

王翦果代李信击荆。荆闻王翦益军而来，乃悉国中兵以拒秦。王翦至，坚壁而守之，不肯战。荆兵数出挑战，终不出。王翦日休士洗沐，而善饮食抚循之，亲与士卒同食。久之，王翦使人问军中戏乎？对曰："方投石超距。"于是王翦曰："士卒可用矣。"荆数挑战而秦不出，乃引而东。翦因举兵追之，令壮士击，大破荆军。至蕲南，杀其将军项燕，荆兵遂败走。秦因乘胜略定荆地城邑。岁余，虏荆王负刍，竟平荆地为郡县。因南征百越之君。而王翦子王贲，与李信破定燕、齐地。《史记·白起王翦列传》

虽长何益

优旃是秦国的艺人，个头非常矮小。他擅长讲笑话，常能合乎大道理。秦始皇时，宫中设置酒宴，正遇上下雨，殿里殿外站岗值勤的卫士都淋着雨，忍受风寒。优旃见了十分同情，问他们说："你们想休息吗？"卫士们都说："非常希望。"优旃说："如果我呼叫你们，你们要迅速答应我。"过了一会儿，宫殿上向秦始皇祝酒，高呼万岁。优旃靠近栏干大声呼喊说："卫士！"卫士们齐声回答："在！"优旃说："你们虽然身材高大，又有什么用？只能站在露天淋雨。我虽个头矮小，却有幸能在这里休息。"秦始皇于是准许卫士减半值勤时间，轮流交替。秦始皇曾经考虑扩建猎场，东到函谷关，西至雍县、陈仓。优旃击掌说："好！多养些禽兽在里面，如果敌人从东方来侵犯，让麋鹿用角去抵挡他们就足够了。"秦始皇于是放弃了扩张猎场的计划。

【出处】

优旃者，秦倡侏儒也。善为笑言，然合于大道，秦始皇时，置酒而天雨，陛楯者皆沾寒。优旃见而哀之，谓之曰：“汝欲休乎？”陛楯者皆曰：“幸甚。”优旃曰：“我即呼汝，汝疾应曰诺。”居有顷，殿上上寿呼万岁。优旃临槛大呼曰：“陛楯郎！”郎曰：“诺。”优旃曰：“汝虽长，何益，雨中立。我虽短也，幸休居。”于是始皇使陛楯者得半相代。始皇尝议欲大苑囿，东至函谷关，西至雍、陈仓。优旃曰：“善。多纵禽兽于其中，寇从东方来，令麋鹿触之足矣。”始皇以故辍止。（《史记·滑稽列传》）

万金而游

秦王想召见顿弱，顿弱说：“臣有个坏习惯，就是对君王从不行参拜之礼。如果大王能免我参拜之礼，臣即刻来见，否则恕不前往。”秦王同意了他的条件。于是顿弱入见，对秦王说：“天下有有实无名的人，有有名无实的人，有无名无实的人，大王知道吗？”秦王说：“寡人不知。”顿弱说：“商人有实无名，不用辛勤耕作却积粟满仓；农夫有名无实，冒着春寒耕种，顶着烈日收割，却家无积粟；大王无名无实，身为万乘之尊，却无孝亲之名；坐拥千里，却无孝亲之实。”秦王勃然大怒。顿弱继续说：“大王以赫赫威权，不能压制山东六国，却将威权施加于母后，臣私下认为，大王这样做非常不妥。”秦王说：“你看寡人能吞并六国吗？”顿弱说：“韩国扼天下之咽喉，魏国处天下之胸腹。大王若肯以万金资助，臣愿东往韩、魏，策动两国执政之臣听命于大王，如此韩魏两国即可臣服，然后可图谋天下。”秦王推托说：“寡人的国家贫穷，恐怕拿不出那么多钱。”顿弱说：“如今天下纷乱，不是诸侯合纵，就是秦国连横。连横成则秦国称帝，合纵成则楚国为王。秦国一旦称帝，即富有天下；如果楚国成就霸业，大王纵然坐拥万金，又有何用？”秦王深以为然，于是以万金资助顿弱东行游说韩、魏，笼络两国主政之臣。顿弱到达燕、赵之后，施行反间之计，除掉赵将李牧。后来齐王建入秦，燕、赵、魏、韩四国均归附秦国，这些都是顿弱游说的结果啊！

【出处】

秦王欲见顿弱，顿弱曰：“臣之义不参拜，王能使臣无拜即可矣，不即不见也。”秦王许之。于是顿子曰：“天下有有其实而无其名者，有无其实而有其名者，有无其名又无其实者，王知之乎？”王曰：“弗知。”顿子曰：“有其实而无其名者，商人是也。无把铫推耨之势，而有积粟之实，此有其实而无其名者也。无其实而有其名者，农夫是也。解冻而耕，暴背而耨，无积粟之实，此无其实而有其名者也。无其名又无其实者，王乃是也。已立为万乘，无孝之名；以千里养，无孝之实。”秦王悖然而怒。顿弱曰：“山东战国有六，威不掩于山东而掩于母，臣窃为大王不取也。”秦王曰：“山东之建国可兼与？”顿子曰：“韩，天下之咽喉；魏，天下之胸腹。王资臣万金而游，听之韩、魏，入其社稷之臣于秦，即韩、魏从。韩、魏从，而天下可图也。”秦王曰：“寡人之国贫，恐不能给也。”顿子曰：“天下未尝无事也，非从即横也。横成则秦帝，从成即楚王。秦帝，即以天下恭养；楚王，即王虽有万金，弗得私也。”秦王曰：“善。”乃资万金，使东游韩、魏，入其将相。北游于燕、赵而杀李牧。齐王入朝，四国必从，顿子之说也。(《战国策·秦四》)

明主不取其污

燕、赵、齐、楚四国结成联盟，准备攻打秦国。秦王召集大臣和众宾客 60 人商议对策。秦王问说：“当下四国联合攻秦，现在秦国内外交困，应该如何应对呢？”大臣们不知如何回答。这时姚贾站出来回答说：“臣愿意出使四国，一定破坏他们的阴谋，阻止他们用兵。”于是秦王拨给他战车百辆，黄金千斤，并让他穿上自己的朝服，佩带自己的宝剑。姚贾辞别秦王，遍访四国，不但瓦解了四国联盟，还与四国建立了友好的外交关系。秦王十分高兴，赏给他千户人口的城邑，任他为上卿。韩非知道后，向秦王诽谤他说：“姚贾拿着珍珠重宝，南使荆吴，北往燕、代，长达三年。这些国家未必真心实意与秦国友好，而本国国库中的珍宝却已散尽。这是姚贾假借大王的权势，用秦国的珍宝私自结交诸侯，希望大王明察。何况姚贾不过是魏都大梁一个守门人的儿子，曾在魏国做过盗贼，后来在赵国做官，也被驱逐出境，以这样的人为上卿，让他参与国家大事，不是勉励群臣的办法。”于是秦王召来姚贾，问他说：“寡人听说你用秦国的珍宝结交诸侯，可有此事？”姚贾回答说：“有啊。”秦王说：“那你还有什么脸面再见寡人？”姚贾回答说：“曾参孝顺父母，天下人都希望有这样的儿子；伍子胥忠君报主，天下诸侯都愿有这样的下臣；贞女擅长女工，天下男人都愿娶这样的妻子。而臣效忠大王，大王却不知情。臣不把财宝送给四个国家，那要送给谁呢？大王再想，假如臣不忠于君王，四国之君凭什么信任臣？夏桀听信谗言杀死良将关龙逢，纣王听信谗言杀死忠臣比干，以至于身死国亡。如今大王听信谗言，还有哪个忠臣会为国出力？”秦王说：“寡人听说你是看门人之子、魏都的盗贼、赵国的逐臣。”姚贾回答说：“姜太公是被老婆赶出家门的齐人，是朝歌连肉都卖不出去的无用屠户，也是被子良驱逐的家臣。他在棘津时，做苦力都无人雇用。而被文王用为辅佐，最终成就天子伟业。管仲不过是齐国边邑的商贩，南阳的穷光蛋，鲁国释放的囚犯，齐桓公任用他而建立了霸业。百里傒不过是晋国送给秦国的陪嫁奴仆，身价只值五张羊皮，秦穆公任用他为相后竟使西戎臣服。晋文公用中山国的盗贼而在城濮之战中获胜。此四人皆有污点，为天下人所不齿，而明主予以重用，是因为知道他们能为国家建立功勋。假如人人都像卞随、务光、申屠狄那样，[①]又有谁来为国效命呢？所以英明的君主不会计较臣子的过失，不听信别人的谗言，只考察他们能否为己所用。能够安邦定国的君主，虽然有外人的诽谤而不会听从，虽然有高世虚名，没有尺寸之功，也不会赏赐。这样一来，群臣就不敢以虚名希求于国君了。”秦王说：“是这样的。”于是继续让姚贾出使列国而杀死了韩非。

【出处】

四国为一，将以攻秦。秦王召群臣宾客六十人而问焉，曰：“四国为一，将以图秦，寡人屈于内，而百姓靡于外，为之奈何？”群臣莫对。姚贾对曰：“贾愿出使四国，必绝其谋而安其兵。”乃资车百乘，金千斤，衣以其衣，冠以其冠，带以其剑。姚贾辞行，绝其谋，止其兵，与之为交以报秦。秦王大悦，贾封千户，以为上卿。韩非短之，曰：“贾以珍珠重宝南使荆、吴，北使燕、代之间三年，四国之交未必合也，而珍珠重宝尽于内，是贾以王之权、国之宝，外自交于诸侯，愿王察之。且梁监门子，尝盗于梁，臣于赵而逐。取世监门子，梁之大盗，赵之逐臣，与同知社稷之计，非所以厉群臣也。”王召姚贾而问曰：“吾闻子以寡人财交于诸侯，有诸？”对曰：“有之。”王曰：“有何面目复见寡人？”对曰：“曾参孝其亲，天下愿以为子；子胥忠于君，天下愿以为臣；贞女工巧，天下愿以为妃。今贾忠王而王不知也，贾不归四国，尚焉之？使贾不忠于君，四国之王尚焉用贾之身？梁听谗而诛其良将，纣闻谗而杀其忠臣，至身死国亡。今王听谗，则无忠臣矣。”王曰：“子监门子，梁之大盗，赵之逐臣。”姚贾曰：“太公望，齐之逐夫，朝歌之废屠，子良之逐臣，棘津之雠不庸，文王用之而王。管仲，其鄙之贾人也，南阳之弊幽，鲁之免囚，桓公用之而伯。百里傒，虞之乞人，传卖以五羊之皮，穆公相之而朝西戎。文公用中山盗，而胜于城濮。此四士者，皆有诟丑，大诽天下，明主用之，知其可与立功。使若卞随、务光、申屠狄，人主岂得其用哉！故明主不取其污，不听其非，察其为已用。故可以存社稷者，虽有外诽者不听；虽

① 据《庄子·让王》记载，汤战胜夏桀后，要让天下给卞随，卞随认为受到污辱，投水而死。汤又让位务光，务光不肯接受，负石沉水而死。另据《庄子·外物》：“三年，申徒狄因以踣河。”

有高世之名，无咫尺之功者不赏。是以群臣莫敢以虚愿望于上。”秦王曰：“然。”乃可复使姚贾而诛韩非。（《战国策·秦五》）

危于累卵

有人从维护六国利益的角度游说秦王说：“国土辽阔不足以永保平安，人口众多不足以恃强逞能，否则夏舛、商纣的后代便能世袭为君。过去赵氏盛极一时，东可以震慑齐国，西可以压制魏国，此外还困住宋国。赵人筑起刚平城，使得卫都东门几乎没有郊野，卫人连放牧打柴都不敢迈出东门。当时卫国岌岌可危。这时天下游说之士一起谋划说：‘我们怎甘心委身邯郸，向赵氏俯首称臣？’于是有人倡议攻打赵国，诸侯群起响应，当即就行动起来。魏惠王出兵攻破邯郸，在逢泽主持诸侯会盟，他乘坐夏车，自称夏王，率领诸侯朝见周天子，诸侯各国尽皆跟从。齐侯听说这件事，于是出兵讨伐魏国。魏国丧师失地，濒于危亡。魏惠王不得已，带上重礼向齐侯请罪，表示愿意俯首称臣。诸侯们这才停止对魏国的打击。楚威王听说齐侯开始称霸后寝食难安，便统率各路诸侯与齐将申缚在泗水大战，大败齐军。赵人乘势占领枝桑，燕人出兵攻占格道，隔断了齐国平际。齐国欲战不能，欲谋不得，只好以陈毛为使，南下向楚王请罪，同时对赵、燕两国好言相求，在国内安抚百姓，这样天下诸侯才放弃对齐国的穷追猛打。积薄渐厚，积少成多，此后楚威王渐渐得势，成为众矢之的。楚国的战败，难道是因为楚威王政治腐败、谋略失误吗？与此次的赵、魏、齐国一样，都是因为好勇逞强、妄自尊大啊！”

【出处】

或为六国说秦王曰：“土广不足以为安，人众不足以为强。若土广者安，人众者强，则桀、纣之后将存。昔者，赵氏亦尝强矣。曰，赵强何若？举左案齐，举右案魏，厌案万乘之国二，国千乘之宋也。筑刚平，卫无东野，刍牧薪采莫敢窥东门。当是时，卫危于累卵。天下之士相从谋曰：‘吾将还其委质，而朝于邯郸之君乎？’于是天下有称伐邯郸者，莫令朝行。魏伐邯郸，因退为逢泽之遇，乘夏车，称夏王，朝为天子，天下皆从。齐太公闻之，举兵伐魏，壤地两分，国家大危。梁王身抱质执璧，请为陈侯臣，天下乃释梁。郢威王闻之，寝不寐，食不饱，帅天下百姓以与申缚遇于泗水之上，而大败申缚。赵人闻之至枝桑，燕人闻之至格道。格道不通，平际绝。齐战败不胜，谋则不得，使陈毛释剑掫，委南听罪，西说赵，北说燕，内喻其百姓，而天下乃齐释。于是夫积薄而为厚，聚少而为多，以同言郢威王于侧牖之间。臣岂以郢威王为政衰谋乱以至于此哉？郢为强，临天下诸侯，故天下谋伐之也。”（《战国策·秦四》）

国无良龟

秦楚两国交战，秦王派使者出使楚国。楚王派人戏弄秦国使者说：“你这次来占卜过吗？”回答说：“占过。”楚人问：“结果怎样？”回答说：“吉利。”楚人说：“唉！太严重了，你们国家竟然没有占卜的良龟！楚王正要杀你来祭钟，哪有什么吉利可言呢。”秦使回答说：“秦、楚两国交战，我的大王派我先来察看情况。如果我死了不能回去，大王就会加倍警惕，整顿军队来抵御楚军，这就是我说的吉利。再说，死人如果没有知觉，又何必用来祭钟？如果有知觉，我难道会背叛秦国而帮助楚国吗？我一定会让楚国的钟鼓发不出声音，那么楚国的军队将无法统一指挥。况且杀死别国的使臣，自古以来都不符合外交惯例。大夫不妨仔细想想这个道理。”楚人将此情况报告楚王，楚王于是赦免了秦国使者。

【出处】

秦、楚毂兵，秦王使人使楚，楚王使人戏之曰：“子来亦卜之乎？”对曰：“然！”“卜之谓何？”对曰：“吉。”楚人曰：“噫！甚矣！子之国无良龟也。王方杀子以衅钟，其吉如何？”使者曰：“秦、楚毂兵，吾王使我先窥我死而不还，则吾王知警戒，整齐兵以备楚，是吾所谓吉也。且使死者而无知也，又何衅于钟，死者而有知也，吾岂错秦相楚哉？我将使楚之钟鼓无声，钟鼓无声则将无以整齐其士卒而理君军。夫杀人之使，绝人之谋，非古之通议也。子大夫试熟计之。”使者以报楚王。楚王赦之。（《说苑·奉使》《韩非子·说林下第二十三》）

敌国有贤

楚王派人到秦国去，受到了秦王的礼遇。秦王说：“敌国有贤人，是我国的忧患。楚王派来的使者很能干，我很忧心。”群臣劝谏说：“凭大王的圣明和我们国家资源的丰富，还有什么好担心的？既然羡慕楚国的贤人，大王何不与他深交，暗中加以笼络呢？楚国以为他被外国利用，一定会处罚他的。”

国无良龟

【出处】

荆王使人之秦，秦王甚礼之。王曰：“敌国有贤者，国之忧也。今荆王之使者甚贤，寡人患之。”群臣谏曰：“以王之贤圣与国之资厚，愿荆王之贤人，王何不深知之而阴有之。荆以为外用也，则必诛之。”（《韩非子·内储说下六微第三十一》）

在所自处

李斯是楚国上蔡人，年轻时只是郡县的一名小吏。善于思考的他观察到一个有趣的现象。在办公处所上厕所时，经常发现有老鼠吃脏东西，每逢有人或狗进来时，就受惊逃跑。但粮仓里的老鼠却不是这样，它们居住在不经风雨的屋子里，吃的是囤积的粟米，悠哉游哉地在米堆中嬉戏交配，一只只撑得又大又肥，绝没有人或狗带来的威胁和惊恐。于是李斯深有感触，慨然叹息道：“一个人有没有出息，就如同老鼠一样，是由自己所处的环境决定的。”李斯决定改变自己的命运，他毅然辞去小吏，拜荀卿为师，学习“帝王之术”。学业完成后，他看楚王不值得一起共事，而其他六国又都很弱小，于是决定到西边的秦国去一展抱负。到秦国之后，正赶上秦庄襄王去世，李斯就请求充当秦相国文信侯吕不韦的舍人；吕不韦很赏识他，任命他为郎官。这样就使得李斯有游说的机会，他对秦王说：“平庸的人往往失去时机，而成大功业的人就在于他能利用机会并能下狠心。从前秦穆公虽称霸天下，但最终没有东进吞并山东六国，这是什么原因呢？原因在于诸侯的人数还多，周朝的德望也没有衰落，因此五霸交替兴起，相继推尊周朝。自从秦孝公以来，周朝卑弱衰微，诸侯之间互相兼并，函谷关以东地区只剩下六国，秦国乘胜奴役诸侯已经六代。现如今诸侯服从秦国就如同郡县服从朝廷一样。以秦国的强大，大王的贤明，就像扫除灶上的灰尘一样，足以扫平诸侯，成就帝业，使天下统一，这是万世难逢的一个最好时机。倘若现在懈怠而不抓紧此事的话，等到诸侯再强盛起来，又订立合纵的盟约，虽然有黄帝一样的贤明，也不能吞并它们了。”秦始皇就任命李斯为长史，听从了他的计谋，暗中派遣谋士带着黄金珠宝去各国游说。对各国有名望的人物能收买的，就多送礼物加以收买；不能收买的，就用利剑把他们杀掉。这些都是离间诸侯国君臣关系的计策，接着，秦王就派良将随后攻打。秦王任命李斯为客卿。

【出处】

李斯者，楚上蔡人也。年少时，为郡小吏，见吏舍厕中鼠食不絜，近人犬，数惊恐之。斯入仓，观仓中鼠，食积粟，居大庑之下，不见人犬之忧。于是李斯乃叹曰："人之贤不肖譬如鼠矣，在所自处耳！"乃从荀卿学帝王之术。学已成，度楚王不足事，而六国皆弱，无可为建功者，欲西入秦。辞于荀卿曰："斯闻得时无怠，今万乘方争时，游者主事。今秦王欲吞天下，称帝而治，此布衣驰骛之时而游说者之秋也。处卑贱之位而计不为者，此禽鹿视肉，人面而能强行者耳。故诟莫大于卑贱，而悲莫甚于穷困。久处卑贱之位，困苦之地，非世而恶利，自托于无为，此非士之情也。故斯将西说秦王矣。"至秦，会庄襄王卒，李斯乃求为秦相文信侯吕不韦舍人；不韦贤之，任以为郎。李斯因以得说，说秦王曰："胥人者，去其几也。成大功者，在因瑕衅而遂忍之。昔者秦穆公之霸，终不东并六国者，何也？诸侯尚众，周德未衰，故五伯迭兴，更尊周室。自秦孝公以来，周室卑微，诸侯相兼，关东为六国，秦之乘胜役诸侯，盖六世矣。今诸侯服秦，譬若郡县。夫以秦之强，大王之贤，由灶上骚除，足以灭诸侯，成帝业，为天下一统，此万世之一时也。今怠而不急就，诸侯复强，相聚约从，虽有黄帝之贤，不能并也。"秦王乃拜斯为长史，听其计，阴遣谋士赍持金玉以游说诸侯。诸侯名士可下以财者，厚遗结之；不肯者，利剑刺之。离其君臣之计，秦王乃使其良将随其后。秦王拜斯为客卿。（《史记·李斯列传》）

郑国渠

韩国听说秦国喜欢兴建大型工程，想以此消耗它的国力，使秦国无力对山东诸国用兵，于是让水利工匠郑国找机会游说秦国，凿穿泾水，从中山以西的瓠口，出北山向东注入洛水，修一条长三百余里的水渠，用来灌溉农田。水渠未修成，郑国的阴谋就被发觉。秦国要杀他，郑国说："臣开始是韩国的奸细，但经考察，渠修成后确实对秦国有利。"秦国人经过论证，认为他说得对，便让他继续修渠。渠成后，以淤积混浊的泾河水，灌溉两岸低洼的盐碱地四万多顷，亩产达到六石四斗。从此关中沃野千里，再没有饥荒年成。秦国因此富强起来，最后并吞了诸侯各国，所以把此渠命名为"郑国渠"。

【出处】

而韩闻秦之好兴事，欲罢之，毋令东伐，乃使水工郑国间说秦，令凿泾水自中山西邸瓠口为渠，并北山东注洛三百余里，欲以溉田。中作而觉，秦欲杀郑国。郑国曰："始臣为间，然渠成亦秦之利也。"秦以为然，卒使就渠。渠就，用注填阏之水，溉泽卤之地四万余顷，收皆亩一钟。于是关中为沃野，无凶年，秦以富强，卒并诸侯，因命曰郑国渠。(《史记·河渠书》)

谏逐客书

秦国一直有广纳贤才为我所用的优良传统。正当秦王政下决心统一六国之时，曝出韩国（郑国）水工间谍事件。[①] 东方各国纷纷效仿韩国，派间谍到秦国充当宾客，刺探情报。一时对外来客卿的议论风声水起，向秦王进谏呼吁驱逐客卿的呼声日益高涨："各国来秦国的人，大抵是为了各自国家的利益来秦国搞破坏的，请大王下令驱逐一切来客。"秦王于是下达逐客令，在秦国司职已久的李斯也在被逐之列。李斯挥毫给秦王写信，劝秦王不要逐客，这就是著名的《谏逐客书》。李斯列举了从秦穆公以来历代客卿为秦国崛起所做出的重大贡献说："从前秦穆公求贤人，从西戎请来由余，从楚国的宛地请来百里傒，从宋国迎来蹇叔，任用从晋国来的丕豹、公孙支。秦穆公因为任用这 5 个人，兼并了 20 国，称霸西戎。秦孝公重用商鞅，实行新法，移风易俗，国家富强，打败楚、魏，扩地千里，秦国因此强大起来。秦惠王用张仪的计谋，拆散了六国的合纵抗秦，迫使各国服从秦国。秦昭王得到范雎，削弱贵戚力量，加强了王权，蚕食诸侯，成就帝业。这四代秦王所任用的客卿，对秦国的崛起和强大做出了重大贡献。如果这四位君王也下令逐客，只会使国家没有富利之实，秦国也没有强大之名。"接下来李斯就发表了那段被后世经常引用的经典名句："臣闻地广者粟多，国大者人众，兵强则士勇。是以太山不让土壤，故能成其大；河海不择细流，故能就其深；王者不却众庶，故能明其德。是以地无四方，民无异国，四时充美，鬼神降福，此五帝三王之所以无敌也。"李斯接着又说："如果抛弃百姓去帮助敌国，拒绝宾客去事奉诸侯，使天下贤士退却而不敢西进，裹足止步不入秦国，这就好比'借武器给敌寇，送粮食给盗贼'啊。秦国的物产并不丰富，但珍宝很多；秦国

① 郑国：人名，战国时期韩国水利专家，被韩王派去秦国修建水利工事以"疲秦"，主持修建著名的"郑国渠"。

本土的贤才有限，但愿意来投靠效忠大王的却不少。如今驱逐宾客以资助敌国，减损百姓来充实对手，就会造成内部空虚而增强外部的对手，那国家就非出大难不可。”秦王被李斯的文章折服，果断地采纳了李斯的建议，取消了逐客令，李斯仍然受到重用。[①]

【出处】

会韩人郑国来间秦，以作注溉渠，已而觉。秦宗室大臣皆言秦王曰：“诸侯人来事秦者，大抵为其主游间于秦耳，请一切逐客。”李斯议亦在逐中。斯乃上书曰：臣闻吏议逐客，窃以为过矣。昔缪公求士，西取由余于戎，东得百里傒于宛，迎蹇叔于宋，来丕豹、公孙支于晋。此五子者，不产于秦，而缪公用之，并国二十，遂霸西戎。孝公用商鞅之法，移风易俗，民以殷盛，国以富强，百姓乐用，诸侯亲服，获楚、魏之师，举地千里，至今治强。惠王用张仪之计，拔三川之地，西并巴、蜀，北收上郡，南取汉中，包九夷，制鄢、郢，东据成皋之险，割膏腴之壤，遂散六国之从，使之西面事秦，功施到今。昭王得范睢，废穰侯，逐华阳，强公室，杜私门，蚕食诸侯，使秦成帝业。此四君者，皆以客之功。由此观之，客何负于秦哉！向使四君却客而不内，疏士而不用，是使国无富利之实而秦无强大之名也。今陛下致昆山之玉，有随、和之宝，垂明月之珠，服太阿之剑，乘纤离之马，建翠凤之旗，树灵鼍之鼓。此数宝者，秦不生一焉，而陛下说之，何也？必秦国之所生然后可，则是夜光之璧不饰朝廷，犀象之器不为玩好，郑、卫之女不充后宫，而骏良駃騠不实外厩，江南金锡不为用，西蜀丹青不为采。所以饰后宫、充下陈、娱心意、说耳目者，必出于秦然后可，则是宛珠之簪，傅玑之珥，阿缟之衣，锦绣之饰不进于前，而随俗雅化佳冶窈窕赵女不立于侧也。夫击瓮叩缶弹筝搏髀，而歌呼呜呜快耳目者，真秦之声也；《郑》《卫》《桑间》《昭》《虞》《武》《象》者，异国之乐也。今弃击瓮叩缶而就《郑》《卫》，退弹筝而取《昭》《虞》，若是者何也？快意当前，适观而已矣。今取人则不然。不问可否，不论曲直，非秦者去，为客者逐。然则是所重者在乎色乐珠玉，而所轻者在乎人民也。此非所以跨海内制诸侯之术也。臣闻地广者粟多，国大者人众，兵强则士勇。是以太山不让土壤，故能成其大；河海不择细流，故能就其深；王者不却众庶，故能明其德。是以地无四方，民无异国，四时充美，鬼神降福，此五帝三王之所以无敌也。

① 鲁迅称赞李斯说：“秦之文章，李斯一人而已。”李斯文章中，又首推《谏逐客书》最为著名。

今乃弃黔首以资敌国，却宾客以业诸侯，使天下之士退而不敢西向，裹足不入秦，此所谓“藉寇兵而赍盗粮”者也。夫物不产于秦，可宝者多；士不产于秦，而愿忠者众。今逐客以资敌国，损民以益仇，内自虚而外树怨于诸侯，求国无危，不可得也。秦王乃除逐客之令，复李斯官，卒用其计谋。（《史记·李斯列传》）

水德之瑞

秦始皇统一天下为帝，有人说：“黄帝于五行得土德，有黄龙和大蚯蚓出现。夏朝得木德，有青龙降落在都城郊外，草木长得格外茁壮茂盛。殷朝得金德，所以从山中流出银子。周朝得火德，有红色乌鸦这种符瑞产生。如今秦朝取代周朝天下，是得水德的时代。以前秦文公出外打猎时，曾经捕获一条黑龙，这就是水德的吉祥物。”于是秦把黄河的名字改为“德水”，以冬季十月作为每年的开端，崇尚黑色。器物用六作单位，音乐崇尚大吕律，政事崇尚法令。

【出处】

秦始皇既并天下而帝，或曰：“黄帝得土德，黄龙地螾见。夏得木德，青龙止于郊，草木畅茂。殷得金德，银自山溢。周得火德，有赤乌之符。今秦变周，水德之时。昔秦文公出猎，获黑龙，此其水德之瑞。”于是秦更命河曰“德水”，以冬十月为年首，色上黑，度以六为名，音上大吕，事统上法。（《史记·封禅书》）

渴望长生

从齐威王、齐宣王、燕昭王开始，不断有人入海寻找蓬莱、方丈、瀛州三座神山。相传三座神山在渤海之中，路程并不算远。困难在于将到山侧时，总会有海风吹引船只离山而去。据说曾有人到过神山，发现众仙人及长生不老药真实存在。山上的万物及禽兽都是白色的，以黄金和白银建造宫阙。到山上以前，望过去如同一片白云；来到跟前，见三神山反而在海水以下。想要登山，则每每被海风吹离。世俗间的君主帝王非常仰慕。秦始皇统一天下之后到海上游览，向他谈及三神山故事的方士不计其数。始皇自以为亲自到海上也不见得就能找到三神山，于是派人带着童男童女到海上寻找。船从海中回来，都以遇风不能到达为辞，声称虽然没有到达，却亲眼看见了三神山。第二年，始皇重游海上，到琅邪路过恒山，取道上党而回。三年后，巡游碣石山，查问被派遣入海寻找三神山的方士，从上郡返回京城。过了五年，始皇南游湘山，登会稽山，再临东海，希望能得到三神山的长生不老药，但是没能如愿，返回时在沙丘宫病死。

【出处】

自威、宣、燕昭使人入海求蓬莱、方丈、瀛洲。此三神山者，其傅在勃海中，去人不远；患且至，则船风引而去。盖尝有至者，诸仙人及不死之药皆在焉。其物禽兽尽白，而黄金银为宫阙。未至，望之如云；及到，三神山反居水下。临之，风辄引去，终莫能至云。世主莫不甘心焉。及至秦始皇并天下，至海上，则方士言之不可胜数。始皇自以为至海上而恐不及矣，使人乃赍童男女入海求之。船交海中，皆以风为解，曰未能至，望见之焉。其明年，始皇复游海上，至琅邪，过恒山，从上党归。后三年，游碣石，考入海方士，从上郡归。后五年，始皇南至湘山，遂登会稽，并海上，冀遇海中三神山之奇药。不得，还至沙丘崩。（《史记·封禅书》）